U0955388

经济日报记者丛书

房地产周评

亢　舒◎著

经济日报出版社

北　京

图书在版编目（CIP）数据

房地产周评 / 亢舒著. -- 北京 : 经济日报出版社,
2024.7
ISBN 978-7-5196-1478-2

Ⅰ. ①房… Ⅱ. ①亢… Ⅲ. ①房地产业－中国－文集
Ⅳ. ①F299.233-53

中国国家版本馆 CIP 数据核字(2024)第 081487 号

房地产周评
FANGDICHAN ZHOUPING

亢 舒 著

出 版： 经济日报出版社
地 址： 北京市西城区白纸坊东街 2 号院 6 号楼 710（邮编 100054）
经 销： 全国新华书店
印 刷： 北京文昌阁彩色印刷有限责任公司
开 本： 710 毫米 ×1000 毫米 1/16
印 张： 20.5
字 数： 257 千字
版 次： 2024 年 7 月第 1 版
印 次： 2024 年 7 月第 1 次印刷
定 价： 58.00 元

本社网址：edpbook. com. cn，微信公众号：经济日报出版社
未经许可，不得以任何方式复制或抄袭本书的部分或全部内容，**版权所有，侵权必究。**
本社法律顾问：北京天驰君泰律师事务所，张杰律师举报信箱：zhangjie@tiantailaw.com
举报电话：010-63567684
本书如有印装质量问题，请与本社总编室联系，联系电话：010-63567684

做党和人民信赖的合格新闻工作者

“做党的政策主张的传播者、时代风云的记录者、社会进步的推动者、公平正义的守望者。”这是习近平总书记在党的新闻舆论工作座谈会上，对广大新闻舆论工作者提出的明确要求和殷切期望。

经济日报创刊40年来，在风云激荡中引领思想，在众声喧哗中回应民意，忠实记录了中国改革开放波澜壮阔的光辉历程，见证了经济跨越、社会进步和国家富强，谱写出无愧于时代的华彩篇章。

与时代同步、与人民同行。40年来，经济日报涌现出一大批优秀的党的新闻工作者，他们不忘初心、牢记使命，坚持正确的政治方向、舆论导向、新闻志向和工作取向，在弘扬传统中持续深化改革创新，在改进报道中不断讲好中国故事。

人才是事业发展的根本保证，提升新闻传播力、引导力、影响力、公信力，离不开一支高素质的新闻人才队伍。多年来，经济日报社高度重视人才队伍建设，不断创新人才培养方式方法，持之以恒地为记者成长成才提供平台、创造空间。

近两年，我们为12名青年记者同时开设个人言论专栏，是一次成功的探索和尝试，这在中央党报乃至整个中国新闻界都是不多见的。我们遴选的这批记者拥有多年跑口经验，既具备研究素养，又有大众化传播才华，陆续开设《每周经济观察》《国际经济观察》《忠阳车评》《三农瞭望》《粮食大事》《市场监管》《香江观察》《财金视野》《科创之声》《房地产周评》《能源广角》《文体市场面面观》等12个固定评论专栏。这些专栏具有个人风格和专业特色，其针对社会现象和舆论热点的立场表达，是对编辑部文章、社论、评论员文章等重要评论的补充和延伸，满足了不同类型读者的阅读需求，对于放大主流观点、凸显经济特色起到了独特作用。

目前，经济日报已构建起由编辑部文章、评论员文章、一版“金观平”文章、12名青年记者个人专栏、时评版，以及“头条热评”等组成的评论传播矩阵，“评论立报”的格局初步形成，并与“调研兴报”“理论强报”“开门办报”一起，成为推动经济日报高质量发展的工作重点。

媒体融合发展时代，在新闻越来越难以实现“独家”的前提下，立论就是立报之本，要以权威观点、独到视角和理性分析获得优势、占据主导。实践证明，无论媒体生态如何变化，无论传播方式如何迭代，一篇有思想、有温度又兼具良好阅读体验的评论文章，一个集“颜值”“言值”和“研值”于一体的评论专栏，其本身就是闪光、有力且自带流量的。

一批评论专栏能赢得受众、成为品牌，是与专栏记者的努力分不开的，是与同志们悉心培养、全力推动分不开的。

在我看来，尊重才华，尊重个性，给年轻同志开专栏，既是提高报纸质量的重要方式和有力举措，也是培养优秀新闻人才队伍的重要方法和有效途径。报社成就着记者，记者也在成就着报社，二者是共生共荣、一同成长的发展共同体。

总体看，12个个人专栏评论时效性强、热点抓得准，兼具了高度、深度和广度等特点，但也要看到，因为多种因素制约，这些专栏文章还存在不足。差距是潜力也是动力，青年记者要继续在实践中增强“四力”，既要掌握好信息的第一发布权，也要掌握好第一解释权，守好新闻舆论阵地，引导好社会预期。

以笔为犁千秋业，只在承前启后中。习近平总书记指出，“我们这一代人，继承了前人的事业，进行着今天的奋斗，更要开辟明天的道路”。在新时代新征程上，唯有踔厉奋发、笃行不怠，方能成为一名党和人民信赖的合格新闻工作者。

（作者系经济日报社社长兼总编辑）

目　录

Contents

炒房绝不会稳赚不赔

自封房产专家的一个深圳微博“大V”惊动了深圳住房和城乡建设局等七个部门。4月8日，七部门宣布对“深房理”涉嫌违法炒房举报展开调查。据报道，该微博账号的实际控制人自称是深圳资深房产投资人。这个账号涉嫌违法为炒房提供“一条龙”服务：没有购房资格，可以帮你假结婚、代持拿到资格；钱不够，可以帮你找小贷公司垫资，再操作经营贷，加杠杆，推荐各种贷款“以贷养贷”；想一起赚钱，通过代持、合资买房，把房产所有权按股权比例分割给多个出资人……“深房理”们想尽各种办法“炒房不住”，与当前三令五申的“房住不炒”总基调背道而驰。

此番七部门联合，对一个微博账号及其背后的组织或个人发起调查，并不多见。除了深圳之外，近些年房价上涨较快的热点城市均不乏炒房客甚至组团炒房的现象。违规炒房抬高了房价，扰乱了市场秩序。联合调查敲响了警钟，释放了信号——违法炒房行为不容继续发展。

作为活跃在互联网上的微博红人，这个深圳“大V”拥有140多万粉丝，成为他的会员需要缴纳年费3980元，而要成为VIP享受手把手的购房指导，则需要另交9800元。不菲的价格依然引得一众“拥趸”趋之若鹜。这表明，一旦环境变化或者政策不明确，通过炒作楼市获取利益的气氛很可能重新被点燃。因此，面对违法违规炒房行为，必须及时亮剑，对市场形成震慑，方能释放坚持“房住不炒”的强烈信心。深圳七部门严查“深房理”违规炒房正逢其时，十分必要。

向炒房客说“不”，抑制楼市投资投机性需求，是防控风险的必要举措。住房有资本属性不假，然而凡是投资必有风险。我国房地产市场曾经历过一段快速发展时期，房价的快速上涨，让很多人的资产价值得到显著提升。而如今，一线等热点城市的房价已经很高，投资风险已经很大。

加高杠杆，违规套取经营贷，是当前炒房客撬动高总价房产的核心手段。一旦还款遇到问题，炒房客很可能遭遇资金链断裂。更何况，不少外地炒房客赴深圳购房付出的成本不止房价本身。此外，代持炒房的情况下，如果代持者将住房抵押或者转让，或者代持人身背债务，房屋有可能被查封、冻结，实际出资的炒房客可能房财两空。

如果任由炒房风气盛行，房价被不断推高，房地产泡沫将不断积累。一旦泡沫破裂，牵一发而动全身，最终损害的将是宏观经济的良性运行。资金过度向房地产领域聚集，也将对实体经济发展产生不利影响。

在“房住不炒”的定位之下，房地产调控政策持续加码，炒房风险不断暴露，炒房绝不是稳赚不赔的买卖。奉劝依然对炒房致富抱有幻想的炒房客们，是时候迷途知返了。

纵观“深房理”指导粉丝炒房的种种策略，钻政策的漏洞是其重要突破口。2019 年底之后，深圳的炒房氛围一度十分浓厚，在经历了一段时间过快上涨之后，深圳在 2020 年 7 月出台了房地产调控

“深八条”。尽管取得了一定效果，但“万人摇”“代持打新”等现象还是让深圳楼市的热度不减。好在随着调控不断升级，严查经营贷入楼市，严查购房人资格，炒房漏洞逐步被补上。房地产调控需要持续细化调控措施，提升调控精准度，不断堵住监管漏洞，最重要的是切实把调控政策落到实处，真严查，真打击，真处罚。

围堵炒房客，不应该仅仅是一阵风。除“深房理”之外，深圳是否还应该严查其他炒房组织？是不是过了风口浪尖，炒房风气又会卷土重来？一线城市向来被视为楼市风向标，此次深圳的调查结果，也将对其他热点城市严查违规炒房有一定示范意义。

深圳楼市的根本问题在于供需不平衡，住房和土地供不应求就会造成房价常常出现快速上涨的苗头。从长远来看，在加强对房地产市场调控之外，应该不断完善住房供应体系，推进租购并举，解决好深圳这样的大城市的住房突出问题。

曾经得改革开放风气之先的深圳经济特区在2019年迎来了建设中国特色社会主义先行示范区的伟大历史机遇，深圳有理由在房地产调控方面给全国带个好头。

（刊发于2021年4月14日产经版）

别让高房价吓跑大城市的年轻人

年轻人是城市的活力和未来。然而，大城市的高房价可能正在吓跑他们。中国人民银行近日在官方微信公众号发文“关于我国人口转型的认识和应对之策”，建议采取措施控制房价。文中说，创新创业靠的是年轻人，但他们多半没钱。一个城市房价太高，把年轻人都逼走了，何谈创新。

如何破除限制大城市长远发展的高房价障碍？除了买房，住房租赁应当成为解决住有所居、居有定所的另一条重要途径。

年轻人特别是新就业的高校学生，刚到一座城市难有经济实力买房，大多先租后买。即便是租房住，受限于收入水平，大多也只能租住在老旧小区、城中村，甚至违法建筑中。租赁关系的不稳定，还让他们常常难以在一处房子久居。可见，不仅是高房价，住房租赁的不完善，也成为制约年轻人发展的突出问题。

安居才能乐业。控制房价之外，城市想要留住人才，留住年轻人，良好的住房租赁环境应成为吸引他们的砝码。

重购买轻租赁的现实，使我国住房租赁市场发展相对缓慢。政府主导的公租房针对人群有限，租赁市场发育明显不足。租房市场乱象丛生，房东随意涨价，租客以各种理由被要求搬离。这几年，长租公寓好不容易有机会迎来快速发展，又在资本的裹挟下跑偏了方向。明星企业“蛋壳”在纳斯达克上市曾经风光无限，却因为资金链吃紧困境重重。蛋壳“破碎一地”，受伤害的房东和租客之间，一度不得不上演“上锁”和“撬锁”的拉锯大战。

解决好大城市住房突出问题，加快补齐住房租赁短板是当务之急。好在，住房租赁的相关政策开始发力。住房租赁被重要会议和文件以较大篇幅反复提及。应该说，住房租赁在解决居住问题方面已经上升到前所未有的高度——2020年底的中央经济工作会议强调，加快发展租赁住房，要高度重视保障性租赁住房建设，加快完善长租房政策，逐步使租购住房在享受公共服务上具有同等权利，规范发展长租房市场。2021年《政府工作报告》提出，切实增加保障性租赁住房供给，规范发展长租房市场，尽最大努力帮助新市民、青年人等缓解住房困难。《中华人民共和国国民经济和社会发展第十四个五年规划和2035年远景目标纲要》也提出，要加快培育和发展住房租赁市场。以人口流入多、房价高的城市为重点，扩大保障性租赁住房供给，着力解决困难群体和新市民住房问题。

相关立法工作在不断推进。《住房租赁条例》两次向社会公开征求意见，规范出租和承租人权利义务，约束长租企业的经营行为，租购同权等内容都十分值得期待。随着条例的正式出台，住房租赁发展将有法可依。

目标已明确，关键在落实。我国逐步构建的住房保障体系中，保障性租赁住房主要面向符合条件的新市民，政府给予政策支持，多主体投资，多渠道供给，租金实行政府指导价。保障性租赁住房在人口净流入的大城市重点发展，未来有望成为大城市年轻人租房时的重要选择。当这些年轻人通过保障性租赁住房有了与其租金支付能力相匹配的“一张床”“一间房”或者“一小套房”时，就可以先安定下来。

保障性租赁住房将成为解决大城市住房突出问题的突破口。因此，应该在土地、税收、金融等方面给予重点支持。人口净流入的大城市，有必要周密规划，切实推进。

住房租赁市场是一片广阔蓝海。据预测，到2025年，我国流动人口规模将突破3亿人，由此带来巨大租赁需求。正是由于住房租赁领域蕴藏的巨大商机，开发商、中介公司、房地产基金等参与者争相进入，这无疑将给住房租赁的市场化发展注入蓬勃活力。这时候，政策的引导，法律的规范就更显必要。长租公寓的发展应该吸取过去几年爆雷频现的教训，走上规范化、法治化道路，给广大年轻人提供安定的居住环境。

我国已经吹响大力发展租赁住房的号角，从政策上的巨大红利，到法制化进程的推进，再到住房租赁消费升级的内在需求，都将给住房租赁的发展带来强大推动力。相信假以时日，年轻人可以在大城市中迎来长久稳定居住的租赁住房，踏实的工作生活，租赁住房也将成为居民们可以长期接受的住房消费方式。

（刊发于2021年4月21日产经版）

给县城住宅限高很有必要

住房和城乡建设部一则《关于加强县城绿色低碳建设的意见（征求意见稿）》在网络上引起了热议。大家发现其中有一条内容是“限制县城居住建筑高度”，要求县城新建住宅以 6 层为主，6 层及以下住宅占比应不低于 75%，县城新建住宅最高不超过 18 层。

给县城住宅限高很有必要。县城居住建筑高度应该与消防救援能力相匹配。高层住宅尽管节约了土地，一些弊端也显而易见。首先是安全问题，很多县城消防云梯高度仅在 50 米左右，高层救火难度极大，限高是保证消防安全的重要举措。安全是经济社会发展的重要前提，保障人民群众的生命和财产安全，无论何时何处都须高度重视。

除了安全问题，还与居住舒适度相关，高层建筑住起来并不是最舒适的。大城市因为土地稀缺，不得已建成高层住宅，以容纳更多人口，有很多户型不方正、朝向不理想的“塔楼”，采光、通风都不及南北通透、格局规整的低层“板楼”。人们普遍认为，低层住宅住着“更接地气”，而且高层住宅电梯、二次供水等后续维护费用远高于低层住宅。限高有助于提升居住舒适度和降低住宅维护成本。

限高还有利于保持县城独有风貌。我国很多县城历史悠久，有的已经有 2000 多年历史，有丰厚的文化底蕴和建筑文化传承。一些县城盲目建设高层住宅，严重影响了原有风貌特色，与自然环境极不和谐。

限高也有利于保护当地的历史风貌，促进新建建筑与原有风貌融合，能够使县城住宅更好体现地域特征、民族特色和时代风貌。

尽管土地资源没那么紧张，低层住宅又安全舒适、成本低、有特色，可这些年很多县城依然大肆兴建高层住宅。高层住宅在县城越建越多，折射出的是一些县城贪大求全、盲目追随大城市的发展理念。

是时候反思不科学的发展模式和理念了。须知，县城的人口数量是有限的，并不一定需要那么多高层住宅。如果不做好科学研判和长远规划，任由县城的楼越盖越高，盲目追随大城市的风潮，未来极有可能出现没人居住的“鬼楼”，留下无人问津的建筑垃圾，造成极大的资源浪费。

高楼不等于现代化。高层住宅是科技发展的结果，也可能是成功的商业模式，但未必是理想的居住环境。县城的发展，应该转变过去以房地产开发为主导的模式，注重长远发展避免追求短期效益。县城的现代化，应该将百姓是否宜居、是否绿色低碳、是否符合新发展理念、是否带来县城高质量发展作为最核心考量。

县城应该有县城的样子，应该区别于大城市的大而全，实现小而美。未来，县城将逐渐成为我国县域农业转移人口和返乡进城务工人员安家定居的首选地，转变县城发展方式已经迫在眉睫。应该推动县城从实际出发，宜水则水、宜山则山，宜粮则粮、宜农则农，宜工则工、宜商则商，积极探索富有地域特色的高质量发展新路子。

（刊发于 2021 年 4 月 28 日产经版）

以教育资源均衡破解学区房之困

眼下楼市热词，非“学区房”莫属。

学区房从去年下半年以来异常火爆，主要有两大因素：一是经营贷违规入楼市；二是海外疫情使得本想送孩子出国读书的家长打消念头，在国内选好学校。随之出现了一些地区炒作学区房的现象。据报道，个别城市的房屋中介机构利用经营贷等资金手握多套学区房，企图控制价格，扰乱了市场交易秩序，加重了学生家长的困惑和恐慌。

4 月 30 日，中共中央政治局召开会议，提出防止以学区房等名义炒作房价。人们强烈感到，新一轮针对学区房的调控政策已在路上。

学区房的存在以及以学区房名义炒作房价的行为在各地屡见不鲜，根源在于教育资源不均衡。优质教育资源向更大城市集中，或在同一城市里集中于个别区域或个别学校的情况，短期之内恐难改变。只有不断弥合教育资源差异，缩小同一地区“牛校”与“普校”间的差距，教育资源日趋均衡，学区房的概念才会日渐弱化。

推进教育资源均衡，不少城市采取了一些措施。比如教育集团化，以一个优质学校为中心把周边或郊区普通学校纳入进来形成教育集团，优质带普通，中心带偏远。但从现实情况看，很多教育集团也只是派一名校长到集团内的普通学校以加强管理，普校的师资力量并无明显改善，教学质量提升也相对缓慢，导致“牛校恒牛，普校恒普”。

师资力量是造成学校差异的关键因素，以教师轮岗促师资平衡不失为一个办法。既然走集团化路线，可让“牛校”的教师在集团内学校轮岗，优秀教师真正深入普校，发挥带动作用。这种做法国外也有。其实，教师轮岗不仅可在教育集团内部施行，还可以打破学校之间的界限，以一定行政区划为范围，让师资轮换成为常态。

优质教育的核心是优质的教师，加大对普通学校师资的培养需要不断努力。针对普通学校的教师，可在选拔任用、职务职称晋升、提升教学质量等方面出台相应优惠措施和激励政策，这样就能吸引更多优秀人才到普通学校任教，鼓励他们下大力气提高教学水平，从而达到提升普校教学水平的目的。

此外，还有一些有代表性的举措。比如上海今年出台的高中招生办法中，要求重点高中拿出相当数量名额，留给高中所在区之外其他区的优秀学生。“牛校”大门的敞开值得点赞。

实际上，不少城市早已实施了类似上海这样的“校额到区”“校额到校”政策。只不过有很多家长在衡量，到底是从传统优质教育片区升入好学校的概率大，还是从外片区读普通学校取得好名次升入好学校的概率大？思来想去，很多家长还是认为前者更稳妥，哪怕只是认为概率略高一点，也愿意勒紧腰带为孩子一掷千金。于是在不少城市，学区房并没有因此明显降温。

还比如多校划片。买了学区房，进入本片区或者邻近片区的哪一所学校尚不确定，会对一些炙手可热的小区起到降温作用。但多校划片往往又和就近原则相矛盾。如果通过电脑派位进入了更远的小学，对家长和学生而言，无疑将增加往返学校的时间成本和交通安全风险。对于那些普校数量不多，整体资源不差又相对均衡的片区，学区房热度可能不降反升，甚至整个片区都成了学区房。

还有不少城市出台了“六年一个学位”，甚至“九年一个学位”的政策，目的在于降低学区房的流动性，通过拉长交易周期、减少交易来降低热度。尽管能够避免学区房炒作，也很可能加重学区房的稀缺性。

由此可见，尽管这些政策在推进教育资源均衡方面纷纷迈出步伐，却也面临不少问题。

需要提醒的是，购买学区房存在风险，出手需谨慎。

买学区房像一个击鼓传花的游戏，上一户用完了，过几年卖给下一户。这些年个别城市学区房价格一路上涨，买学区房不仅能让孩子上好学校，等出售的时候还能赚上一大笔。

然而，学区房价格受到教育政策变化影响大，近些年各地都在出台各种各样淡化学区房概念、促进教育均衡政策。地方入学政策或其他教育政策一旦有变，手中的“花”就可能传不下去了。况且，在一些大城市，学区房价格高企，不少家庭需要贷款购买，而一些“老破小”学区房年代久远，这些房屋寿命到达一定年限后，利用银行贷款购买将受限，上一户只能寻找有实力全款接盘的下一户买家，出售难度增大。

推进教育资源均衡是给学区房降温的重要途径。然而实现均衡绝非易事，不可能一蹴而就。百年大计，教育为本。教育资源均衡是教育公平的重要体现，推进教育资源均衡需要多措并举，久久为功。

（刊发于 2021 年 5 月 12 日产经版）

对房地产中介服务违规行为应零容忍

近日有上海市民发现，自己的房屋并未委托中介出租，却在不知情的情况下被办理了租赁网签备案。经对涉事中介机构调查，上海市房地产交易中心暂停上海阅信房地产经纪有限公司、上海金曙房地产经纪事务所等9家违规中介机构的住房租赁网签权限。

上海是近期整顿房地产中介机构的众多城市之一。近来，南京、广州、无锡、成都、合肥、厦门、北京等城市纷纷加大对房地产市场秩序的整治力度，中介机构是整治的重点对象。据分析，房地产中介机构的违规行为“五花八门”，包括违规炒作学区房、发布不真实不准确房源、违规报价、擅自撤下网签合同、房源垄断、赚取差价，帮助购房者资格造假、签订阴阳合同骗取贷款额度、经营贷炒房、规避税费，等等。

打击房地产中介的违法违规行为，对“稳预期”至关重要，不少城市都将违规炒作学区房作为对房地产中介机构检查的重点。个别中介机构利用银行贷款手握一个小区内的多套“学区房”，企图造成房源稀缺，操纵市场价格。这加重了家长的恐慌心理，为房价上涨推波助澜。打击中介违规行为，消除购房者焦虑情绪，有助于恢复市场秩序，已成为近年来房地产市场调控的一项重要举措。

规范房地产中介服务，有助于行业长远发展。购房者有买涨不买跌的心理，一些房地产中介机构为了促成交易、拿到佣金，不断传递即将涨价的信息，哄抬价格。其实，在房价过快上涨的情况下，一旦房地产调控措施出台，市场冰冻，成交下滑，中介机构反而没得生意做。所以，市场平稳有利于中介行业长期稳健发展，“房住不炒”应该始终坚持。

我国房地产中介行业历经20余年发展，涌现出一些优秀企业，“真房源”“不吃差价”等诚信行为成了一些企业的价值追求。也应该看到，违规行为给购房者和租房者带来困扰，消费者对房地产中介机构的投诉量居高不下，人们对房地产中介的信任感很难建立。

房地产中介机构乱象频仍，解决办法就是建立行业基础性制度和根本规则。诚信是其安身立命之本，房地产中介服务常常被当做“一锤子买卖”，“成交”就是“断交”，众多“黑中介”只顾眼前利益。诚信成了行业内的稀缺资源，事实上，越是守住诚信底线的中介和服务人员，越将赢得更多发展机会。道理虽简单，坚守却不易。

规范房地产中介服务人员的行为，除了通过立法、执法检查、行业协会加强培训和教育倡导之外，有关主管部门不妨设置“红黑榜”：提供优质服务的中介服务人员进入推荐名单，被发现不诚信行为的人员进入黑名单。这既对从业者起到督促作用，也能够帮助消费者辨别优劣。

还应加强职业教育和职业培训。我国房地产经纪人总数已近200万，近年来从业人员学历水平有一定提升，但受教育程度整体仍偏低。因此，应大力发展职业教育和扩大职业培训范围。

房地产中介行业拥有广阔前景，诚信专业的中介服务将大有可为。二手房交易和住房租赁是房地产中介机构的主战场，二手住宅交易量占比还会继续攀升，同时，住房租赁在解决居住问题方面也将发挥越来越重要的作用。期待这一行业朝着诚信专业的方向发展。

（刊发于2021年5月26日产经版）

楼市又见“冰火两重天”

楼市正在经历“冰火两重天”。当众多城市房价上涨，旨在抑制房价过快上涨的调控政策“补丁”一个接一个的时候，个别三四线城市和县城的楼市却成交低迷，价格下降，乏人问津。

你是否也收到过海景房广告宣传页？在滨海小城，买上一处海景房，可以度假，又能让投资保值增值，很多人动了心，很多人也因此亏了钱。以海景房为噱头，一些滨海小城大肆进行房地产开发，由于供给过剩，房价明显下滑，当地房地产业陷入十分尴尬的境地，很多曾来投资的人后悔不迭。

不只是一些滨海小城，一些旅游资源丰富的城市，通过养老、度假等概念吸引人们置业。实际上，这些滨海或旅游小城的基础设施并不完善，很多连高铁都没通，房地产项目所在区域交通不发达，配套设施不完善，生活不便利，仅在旺季热闹一阵，一到淡季则是处处萧条，难以形成长久的人气和吸引力，市场萎靡也就不足为奇了。

还有个别三四线城市和县城，以高铁开通为由头过度开发房地产，炒作房价。这些三四线城市和县城缺少产业支撑，经济发展后劲不足，盲目进行房地产开发的结果是供给过剩，进而出现房价下跌的现象。

随着一二线热点城市房价高企，投资成本提高，风险加大，加之很多热点城市实施房地产调控限购政策，外地人不具备购房资格。于是，投资客将目标转向了滨海城市、旅游城市以及有高铁等利好消息的三四线城市或县城。然而，投资房产不是稳赚不赔的买卖，购房有风险，投资须谨慎。

还有一类城市更值得关注和警惕。一些非热点的三四线城市和县城，随着前些年棚改退潮，需求已经明显不足，但是土地和新建商品住宅的供应量还在不断增加。

贝壳研究院的数据显示，2020 年全年，统计监测的 163 个三四线城市中有 123 个城市有土地流拍，占比高达四分之三。29 个城市的流拍率超过 20%，主要集中在华中、东北、广东以及云贵桂地区。2020 年国家统计局监测的 35 个三线城市中，有 13 个城市二手住宅价格下跌。

当前，一些三四线城市和县城出现商品房供给过剩，折射的仍然是一些城市对房地产过度依赖的现状。经济发展难以找到其他突破口，而土地出让能给地方财政带来好收益，对地方经济的拉动能够起到立竿见影的效果，这使得地方政府不肯摆脱对房地产的过度依赖。

事实上，过度依赖房地产的老路是走不通的。如果任由供给过剩的状况加剧，最终结果可能是泡沫不断累积，大量住房无人购买，给地方财政造成负担，甚至引发金融风险。

未来，支撑房地产市场发展的重要因素是城市的产业、人口基础和居住品质。我国房地产市场历经多年发展，住房已经实现了总体供需平衡，甚至出现了局部过剩。针对非热点的三四线城市和县城，房地产开发切不可脱离一地产业发展和人口实际再盲目上马，而应科学规划，精细研判，避免过剩，力促供需平衡。

不过，局部的过剩和经营惨淡，不代表这些商品房就没有机会发展，随着人口老龄化加剧和人们对居住品质要求的提升，养老地产和旅游地产等恰恰是有广阔前景的，关键是不能脱离实际过度开发。未来的市场，越是细分领域，越是高品质，越有可能赢得更多机会。

（刊发于2021年6月2日产经版）

新房质量问题如何破解

房屋精装怎么变成了“惊装”？最让购房者焦虑的莫过于苦苦等来的房屋交付，一检查质量问题却不少。让开发商修？多数问题靠修修补补很难彻底解决。退房？且不说基本退不成，即使能退，等待交付的时间成本也难以弥补，再买新房又得等。

有的房屋质量问题只有入住一段时间后才显现出来。开发商说，已经交付，很可能是使用过程中出现的问题，这事我不管；物业说，这属于开发商遗留问题，我不担责任……他们踢皮球，业主很无奈。屋内漏水、外墙脱落、墙体裂缝、地板鼓包，隔音效果差……人们遇到的房屋质量问题远不止这些，近年来，深陷质量门的还不乏一些知名房地产开发企业。

房屋质量问题屡见不鲜，高周转是因素之一。房地产开发资金密集，开发企业不得不以最快速度完成拿地、开发、销售，尽快回笼资金，确保资金链不断。“萝卜快了不洗泥”，过分追求速度可能牺牲质量。此外，绝大多数房地产开发项目都是期房销售，购房者凭建筑模型、户型图、样板间即完成购房，“先交钱，再收货”让购房者处于天然弱势。

房屋质量问题频现还与市场调控限价政策有关，限价导致限质。为遏制房价过快上涨势头，政府部门要求某一区域房价不得高于一定价格，或者在土地出让环节就明确“限房价，竞地价”，地块上的房价在土地出让时就会被锁定。尽管从数据上看房价很快能控制住，但房价被限，地价却不低，限价挤压了开发企业的利润空间，“羊毛出在羊身上”，很多开发商通过降品质来保住利润，导致房屋质量出现下滑，出现诸如设施简配、绿化缩水、建材劣质等问题。

或许是看到了单纯限价措施对房屋质量的影响，一些城市在土地出让时加入了对住房质量和品质的要求。如：北京市提出将在热点区域和地块推出“限地价，竞政府共有产权份额，竞高品质方案”的土地出让方式；杭州市提出实施建筑质量提升工程，出台“竞地价，竞质量”政策；成都提出为减少和避免非理性竞价带来的不利影响，实施“限房价，定品质，竞地价”原则；西安也提出要“限房价，定品质，竞地价”。

不仅是限价政策，而且多重因素叠加从客观上使得房企经营难度加大，利润空间缩小。今年以来，钢筋、水泥、砂石料等建筑材料价格出现上涨，尽管与地价相比，原材料价格占开发成本比重很小，但仍让房企开发总体成本有所上升。为避免金融风险，有关部门对房企实施“三条红线”管理措施，要求房企必须降杠杆，降负债，房企的现金流更为紧张。今年以来，22 个城市开展集中供地，从各城市首轮集中供地情况看，一些城市土地溢价率依然较高。

资本都有逐利本性，但这不应成为降低房屋品质的理由。建造出质量过硬的住房，应该始终是房企树立品牌和口碑的基石。如果企业不守住质量底线，终将破坏自己的品牌和形象，进而引发生存危机。

守住质量底线，需要房企向管理要效益。只有完善的管理措施，才能实现良好的资金周转，才能有更科学的开发决策和节奏，以便为追求房屋质量提升腾挪空间。无论是土地出让和金融管理规则的改变，还是各种成本的上升，都倒逼房企提高管理效率。正如业内人士所言，随着土地红利和金融红利的逐渐消失，房企将进入管理红利时期。管理能力越强，竞争力就越强，市场占有率就越大。

对于监管部门而言，应进一步加大对房屋工程质量的监管力度。2020 年 1 月，住房和城乡建设部在山东、湖北、宁夏开展住宅工程质量信息公开试点，探索建立住宅工程质量社会监督机制。有关部门应对房屋质量监管常抓不懈，完善质量保障体系，为广大人民群众提供更舒适美好的居住环境。

（刊发于 2021 年 6 月 16 日产经版）

保障性租赁住房迎来多重利好

进城务工人员、新就业大学生等新市民、青年人该如何解决好住房问题？近日，这一部分人群再次迎来政策利好：日前召开的国务院常务会议确定了加快发展保障性租赁住房的政策，将缓解新市民、青年人等群体住房困难。

我国将在人口净流入的大城市重点发展保障性租赁住房。保障性租赁住房主要面向符合条件的新市民、青年人，政府给予政策支持，充分发挥市场机制作用，引导多主体投资、多渠道供给，以建筑面积不超过 70 平方米的小户型为主，租金略低于同地段同品质市场租赁住房租金，具体条件由城市人民政府确定。

发展保障性租赁住房是加快补齐我国住房租赁短板的关键一招，将成为解决大城市住房突出问题的突破口。实行住房制度改革以来，我国城镇居民居住条件得以改善。然而，新市民、青年人很难负担大城市的高房价。房地产市场“售卖一条腿长，租赁一条腿短”，租赁关系不稳定，发展租赁住房支持政策不足。租房者常常被房东终止合同，无奈多次搬家。近年来，长租公寓因违规建立资金池等行为频频“爆雷”，损害了不少租房者利益。新市民、青年人的住房困难问题十分突出，通过扩大保障性租赁住房的供给，能够为他们提供与其经济能力相适应的稳定居所。

发展保障性租赁住房，应多渠道保证供给。此次国务院常务会议提出，可利用集体经营性建设用地、企事业单位自有土地建设保障性租赁住房，允许将闲置和低效利用的商业办公用房、厂房等改建为保障性租赁住房。人口净流入的大城市，土地资源常常相对稀缺。而发展保障性租赁住房对于完善我国住房供应体系，为大城市未来发展留住人才等都具有十分重要的意义。对于推进保障性租赁住房建设负有主体责任的城市政府，应深刻认识发展保障性租赁住房的重要性，切实盘活土地资源，确保保障性租赁住房建设用地供应，同时确保“商改租”“厂改租”顺利推进。

发展保障性租赁住房，要确保新建改建租赁住房的建设质量。保障性租赁住房是民生工程，要让租户既要住得进，更要住得好，不能因为是租赁住房就降低工程质量。特别是商业用房和厂房等非住宅用途的房源改建时，应确保改建后的房屋在结构安全、消防设计、公共配套、满足居住要求等方面符合相应标准。

加快发展住房租赁，应调动企业的积极性。发展保障性租赁住房鼓励市场力量参与，社会资本将迎来更多发展机遇。此次国务院常务会议提出，从10月1日起，住房租赁企业向个人出租住房适用简易计税方法，按照5%征收率减按1.5%缴纳增值税；对企事业单位等向个人、专业化规模化住房租赁企业出租住房，减按4%税率征收房产税。应该看到，减轻住房租赁企业的税收负担，能够提高企业参与住房租赁的积极性。降税有助于缓解住房租赁企业经营压力，提高盈利空间。而减轻企事业单位向住房租赁企业出租住房的税率，能够调动更多企事业单位向住房租赁企业提供房源的积极性，切实增加租赁住房供给。

相信保障性租赁住房能够更好发挥市场租金“稳定器”的作用，

也将为住房租赁市场规范发展起到示范引领作用。大力发展租赁住房，重点发展保障性租赁住房，将促进我国房地产市场平稳健康发展，也将成为我国房地产长效机制建设的重要一环。

（刊发于 2021 年 6 月 23 日产经版）

摁住楼市过快上涨的“七寸”

最近，一些热点城市的购房者开始担心自己的购房计划是否会受阻。有消息称，买房不但需要有购房资格，可能还需要争取贷款资格。一些城市部分银行暂停了二手房贷款业务，有银行甚至还暂停受理新房贷款业务。加之此前已有贷款利率上升的情况出现，意味着在个别热点城市中，买房时间周期更长，成本也会更高。

当前热点城市二手房贷款额度紧张与去年底出台的房地产贷款集中管理制度密切相关。今年上半年，一些热点城市房地产市场成交活跃，银行房贷放量较大。与此同时，在主管部门的房地产贷款集中管理制度之下，贷款额度被严加管控。2020 年底，央行和银保监会出台措施，将银行金融机构分为五档，分别设置“房地产贷款余额占比上限”和“个人房贷余额占比上限”，被称为“两条红线”。对照“个人房贷余额占比上限”已经出现超标或者临近监管上限的银行，自然将个人房贷额度收紧。

不难发现，房贷额度紧张的城市正是一段时间以来成交火热、房价上涨较快的城市。推行房地产贷款集中管理制度，规范银行贷款业务，有助于切实打击房地产炒作投机行为。

设立房地产贷款集中管理制度“两条红线”，是我国加强房地产市场金融管理的重要手段。加强金融管理，已经成为当前我国房地产市场调控的突出特征。除房地产贷款集中管理制度外，住房和城乡建设部、人民银行去年还推出了重点房地产企业资金监测和融资管理规则，也就是针对房地产开发企业的“三道红线”——“房企剔除预收款后的资产负债率不得大于70%”“净负债率不得大于100%”“‘现金短债比’小于1”。今年3月份，银保监会等部门又出台多项举措防止经营贷违规流入房地产领域。

信贷资金被视为楼市的“七寸”。一系列房地产金融调控举措的出台，成为挤出楼市泡沫的关键环节。加强对银行信贷资金的管控，也就摁住了楼市非理性过快上涨的“七寸”。房地产行业是资金高度密集的行业，银行贷款连接着房地产供需两端。对于供给端开发企业而言，银行贷款是其重要资金来源，房企高杠杆、高负债率的情况司空见惯。2020年末，我国房地产开发贷款余额仍高达11.91万亿元。在需求端，对于大多数购房者而言，购房时贷款是必需流程。贝壳研究院在《2021新一线城市居住报告》中提到，“调查中仅31.8%的住房消费者无贷款，68.2%的受访者购房时会选择贷款”。在房价更加高企的“北上广深”，需要使用贷款的购房者占比会更高。值得担忧的是，银行贷款很多时候成了炒房客必不可少的依赖。如果任由信贷资金过度向房地产领域集中，楼市将不断积累泡沫，集聚风险。

房地产金融调控的效果正在初步显现。2020年，房地产贷款增速8年来首次低于各项贷款增速，新增房地产贷款占各项贷款比重从2016年的44.8%下降到2020年的28%。近日央行公布的统计数据显示，2021年5月住户中长期贷款新增4426亿元，较上月下降10%。居民中长期贷款主要以购房按揭为主，这已经是居民部门中长期贷款新增额度连续两个月下降。不过，尽管增速有所下降，房地产依然是占用过多信贷资源的领域，对实体经济发展仍有挤出效应。

房地产领域蕴藏的高风险始终值得高度警惕。房地产与金融深度关联，房地产贷款规模庞大，牵扯范围广，对于宏观经济的影响可谓“牵一发而动全身”。中国银保监会主席郭树清关于房地产金融风险的提示言犹在耳——“房地产是现阶段中国金融风险方面最大的‘灰犀牛’”。当下，出现了个别房地产企业面临高杠杆、高负债率导致的资金链严重吃紧的状况，其中不乏知名大型房企，他们所面临的状况也足以佐证我国加强房地产金融调控的必要性和紧迫性。

（刊发于 2021 年 7 月 7 日产经版）

酒店坍塌事故拷问建筑安全

7月14日上午，“7・12”苏州市吴江区四季开源酒店辅房坍塌事故搜救工作全部结束。事故共造成17人遇难，损失惨重，教训深刻。江苏省人民政府已成立事故调查组，依法依规对事故具体原因开展深入调查。

如此严重事件，提醒我们应从苏州酒店坍塌事故中“举一反三”，我国既有建筑的使用安全和新建建筑的工程质量均应受到持续高度关注。具体而言，至少有五方面问题值得从事建筑工程行业的人们深思。

一是，是否依法依规申领施工许可证？涉事酒店正在进行内部装修，过程中对房屋结构进行改造导致了坍塌。根据建筑工程施工许可管理办法的规定，从事各类房屋建筑及其附属设施的建造、装修装饰等的施工，建设单位在开工前应当申请领取施工许可证。而据当地住房和城乡建设部门介绍，该酒店并未申领施工许可证。如果按照相关规定申领了施工许可证，装修就会在有关主管部门的监管和约束下，设计施工及工程监理都会介入，避免酿成此次大祸。

二是，酒店装修工程监管是否到位？从2019年武汉七天酒店的坍塌事故，到2020年造成29人死亡的泉州欣佳酒店坍塌事故，再到此次造成17人死亡的苏州酒店坍塌事故，均发生在正在装修的酒店。酒店装修成了安全事故的高发领域。各地和有关部门应该加大对装修工程的安全生产监管力度，排查安全隐患，力避安全事故。酒店经营者进行装修时切忌一味想着便于经营或扩大使用面积，而忽视安全问题。

三是，改造房屋结构是否有设计方案？此次事故经初步认定，是因为产权方私自对房屋结构进行改造，造成房屋部分坍塌。根据《中华人民共和国建筑法》规定，涉及建筑主体和承重结构变动的装修工程，建设单位应当在施工前委托原设计单位或者具有相应资质条件的设计单位提出设计方案；没有设计方案的，一律不得施工。涉事酒店是否按照相关规定提出设计方案尚不可知。然而初步认定的调查结论足以使大家警醒，私自对房屋结构进行改造安全隐患太大。

四是，既有房屋安全隐患排查是否加强？据报道，一位前员工透露，四季开源酒店主辅楼拼接而建，在3年前就有多处裂缝。此次坍塌是否与这些裂缝有关不能轻易下结论。但可以确定的是，如果房屋本身就存在安全隐患，势必会增加发生事故的概率。改革开放以来，我国经历了大规模快速城镇化进程，目前既有房屋面积庞大，按照我国住宅建筑50年设计使用年限计算，有众多建筑已经进入老龄阶段，进行安全隐患排查十分必要。主管部门应该督促房屋产权人和其委托的服务单位加强房屋安全隐患排查。同时，完善对既有房屋安全管理立法，为房屋全生命周期的安全管理提供法治保障。

五是，建筑工程质量终身责任制是否建立？今天的新建建筑，就是明天的既有建筑。如果对新建房屋工程质量监管不力，建筑可能在施工过程中就会埋下安全隐患。当前，我国已经在推行建筑工程质量五方责任主体终身责任制，建设、勘察、设计、施工、监理单位的相关责任人，无论工程建设已经结束了多少年，只要建筑物在工程设计使用年限内，一旦出现质量问题，都会被追责。有关部门应该切实把这项终身责任制推行到位，问责到人，以提高相关责任人的质量责任意识。

生命重于泰山，安全是发展的重要前提。我们应切实从此次酒店坍塌事故中吸取深刻教训，别让类似的悲剧一再重演。

（刊发于2021年7月21日产经版）

楼市靠投机获利此路不通了

房地产市场的走向与房地产调控政策始终息息相关。中共中央政治局常委、国务院副总理韩正7月22日出席加快发展保障性租赁住房和进一步做好房地产市场调控工作电视电话会议并讲话，要求进一步做好房地产市场调控有关工作。住房和城乡建设部等八部门近日联合发布《关于持续整治规范房地产市场秩序的通知》(下称《通知》)，提出力争用3年左右时间，实现房地产市场秩序明显好转。

无论是电视电话会议还是八部门出台的《通知》，都再度释放房地产调控不松懈的信号，表明中央和有关部门持续推进房地产长效机制，促进房地产市场平稳健康发展的坚定决心。从中也可预见，“房住不炒”的定位将始终坚持，房地产调控的政策工具箱将更加丰富，调控和监管力度将进一步加大，调控将向纵深发展，再企图通过楼市投机炒作获利是一条“走不通的路”。

实践证明，党中央、国务院关于房地产长效机制的决策部署，符合中国国情，符合房地产市场发展规律，是精准有效的。然而，当前，投资投机行为在个别城市仍然存在。房地产市场的平稳健康发展关乎经济社会发展全局，房地产调控成果来之不易，必须持续巩固。

未来，房地产调控的重点方向有哪些？

房地产调控城市主体责任将进一步落实。住房和城乡建设部有关负责人已经表态，个别城市靠房地产拉动地方经济，对房价过快上涨睁一只眼闭一只眼。对调控工作不力、市场波动大的城市，要坚决予以问责。城市政府应该始终坚持不把房地产作为短期刺激经济的手段，不断完善和用好政策工具箱，切实肩负起房地产调控主体责任。

房地产调控将牢牢抓住房地产金融这个关键。应该说，降低房地产领域杠杆率，避免资金过度向房地产领域集中，也就牵住了房地产调控的“牛鼻子”。未来，有关部门将严格房地产企业“三线四档”融资管理和银行金融机构房地产贷款集中度管理。“三线四档”中的“三条红线”是指剔除预付款后的资产负债率大于70%，净负债率大于100%，现金短债比小于1；按照踩线情况，房企被分为“红橙黄绿”四档。设置“三线四档”融资管理规则旨在对房企的财务状况进行检验，避免房企盲目扩张，增强抗风险能力，使其经营融资行为更加审慎自律。房地产贷款集中度管理是指分档设置银行金融机构房地产贷款余额占比和个人住房贷款余额占比上限，避免银行金融机构将过大比例的贷款投向单一的房地产领域，降低风险发生概率。

房地产调控还将加快完善“稳地价”工作机制。地价的过快上涨对于房价上涨有直接推动作用。今年以来，有关部门在一些城市推行土地出让“两集中”规则，即“集中发布出让公告，集中组织出让活动”，一定程度上稳定了房企对于未来土地出让的预期。从首轮土地出让的结果看，大多数城市地价较稳，但仍有个别城市土地溢价率较高。今后，应按照有关部门要求，优化土地竞拍规则，进一步建立房地联动机制。推行北京市住宅用地限房价、控地价、提品质做法。严格购地企业资格审核，建立购地资金审查和清退机制。

房地产调控还将持续规范房地产市场秩序。《通知》明确，将重点整治房地产开发、房屋买卖、住房租赁、物业服务等领域人民群众反映强烈、社会关注度高的突出问题。这充分表明，八部门对于房地产市场的整顿是全方位的，覆盖从房地产开发到物业服务全链条。同时，整顿将形成强大合力，不会是“一阵风”。

值得一提的是，国家大力倡导加快发展保障性租赁住房，这对于进一步促进房地产市场平稳健康发展也具有重要而积极的作用。切实增加保障性租赁住房供给，逐步形成租售并举的住房供应结构，能够为保持房价平稳提供制度基础和有力支撑。

（刊发于 2021 年 7 月 28 日产经版）

二手房正成为房地产调控主战场

房地产调控的“补丁”还在一层层打上去，这正表明国家对楼市强监管的决心。这一次补到了二手房。8 月 2 日，东莞楼市调控再升级，“莞八条”中明确：加快建立二手住房成交指导价发布机制，引导商业银行合理发放二手住房贷款。就在同一天，浙江金华发布房地产调控措施，成为上周 5 个被住房和城乡建设部约谈的城市中首个出台调控措施的城市，其中同样有加强二手住宅价格监管的内容：开展热点区域二手住宅交易参考价格发布试点，落实交易参考价格在金融信贷等方面的应用。梳理上半年各地调控政策不难发现，除东莞和金华外，深圳、成都、无锡、西安、上海、宁波、绍兴等城市均出台了二手房指导价调控政策。

二手房市场正在成为房地产调控的主战场。在很多热点城市，只有稳住二手房价才算是牵住了房价上涨的“牛鼻子”。有统计表明，北京 2020 年二手房交易量占整个商品住宅交易量的比例已经超过 70%，不少城市二手房交易量也已经超过新房。房地产调控从过去重点关注新建商品住宅，正逐步发展到一二手房调控齐头并进。

针对二手房市场的调控势在必行。过去，由于楼市限价更主要针对的是新房，使得很多城市新房价格低于周边二手房，在新房二手房价格倒挂的情况下，不少城市兴起了“打新热”。当新房价格因为哄抢上涨，加之新房房源不足，需求又溢出至二手房市场，二手房价格也随即上涨，新房和二手房价格就这样出现交替上升。这些城市投资投机氛围浓厚，与“房住不炒”原则背道而驰。

与此同时，很多城市二手房小区业主抱团涨价，一个微信群就可以成为业主们打响所谓“资产保卫战”的阵地，他们相约不降价甚至涨价，谁降价就声讨谁。如果任由投资投机行为进入二手房市场，抬高二手房价格，泡沫将不断积累，金融风险也将加剧。

因此，发布二手住房成交参考价格有利于加大二手住房交易信息公开力度，给买卖双方判断市场提供参考和信号，引导市场理性交易，引导房地产经纪机构合理发布挂牌价格，稳定市场预期，打击投机行为。

多城二手房指导价措施的出台，填补了二手房调控的空白，给调控增加了抓手。今年 2 月 8 日，深圳市住房和城乡建设局出台关于建立二手房参考价制度的新规，公布了深圳市 3595 个住宅小区二手房指导价，开创了通过二手房指导价调控楼市的先河。随后，越来越多的城市效仿跟进。据报道，目前各城市公布的二手房成交参考价基本都低于实际成交价，在深圳、成都等城市，二手房指导价仅相当于市场成交价的七成或八成，挤出了房价虚高的水分。

二手房指导价发挥作用的关键，在于通过引导商业银行合理发放二手住房贷款，封堵利用信贷资金炒作房价的路径。也就是说，二手房指导价将与银行放贷额度挂钩。比如，一套总价为 1000 万元的二手房，首付三成需要支付 300 万元首付款。而按照政府指导价，总价可能仅为 700 万元，按照七成贷款计算，能从银行贷款的额度仅为 490 万元。也就是说，首付款从过去的 300 万元提升到 510 万元，对于炒房客而言，其首付款的资金压力就会大大增加，很多人会就此打消炒房的念头。可见，二手房指导价真正对市场发挥作用，还须与金融信贷政策形成强大合力。

从二手房指导价出台后的市场反应看，效果比较明显。预计未来，还会有更多城市跟进出台二手房指导价，或出台针对二手房市场的其他调控措施。在一些热点城市，旨在提升交易透明度和规范性的官方二手房信息交易平台，也已经在路上。

（刊发于 2021 年 8 月 4 日产经版）

处理“深房理”决不能高举轻落

备受关注的“深房理”案件调查处理工作取得阶段性进展。“深房理”在新浪微博上认证为“房产专家”，其微博账号关注量达 146 万人，会员逾 3000 人。“深房理”公开宣扬“人人皆可买房，直到财务自由”等吸引吸纳会员，向会员承诺房产升值收益，重点炒作深圳市部分热点楼盘。据“深圳发布”微信公众号，“深房理”涉嫌房产众筹和代持、违规套取信贷资金进入房地产市场、虚假广告宣传、隐瞒收入偷逃税款、伪造国家机关公文、非法集资等多项违法违规问题。此外，部分中介涉嫌为“深房理”违法炒房提供便利。目前，有关责任单位和人员已被依法依规启动问责和处罚，2 名犯罪嫌疑人被逮捕，3 名犯罪嫌疑人被刑事拘留。

4 个月之前，深圳七部门联合调查微博大 V“深房理”，一个微博账号引得七个部门联合调查的情况并不多见。“深房理”调查的阶段性进展表明，“房住不炒”不只是喊口号，更不仅停留在上黑名单、罚款等相对轻微的处罚举措。相关犯罪嫌疑人被逮捕或刑拘的通报一出，想必会在妄图炒房获利的人群中形成不小震动。一些炒房客的初衷可能仅仅是经过在楼市的一进一出赚个差价，但随着参与类似“深房理”这样的炒房组织并逐步深入，甚至有可能走向违法犯罪的深渊。

“深房理”案件的处理具有风向标意义。深圳市依法依规处理“深房理”案件，将对炒房行为，特别是相关违法犯罪行为形成有力震慑。根据通报，此案正在进一步调查处理中。相信最终处理结果必将体现有关部门打击违法违规炒房行为的坚定决心，切不能高举轻落。与此同时，深圳和其他城市还有多少“深房理”？打击违规违法炒房会不会仅仅是一阵风？需要有关城市在未来的实践中给出明确回答。

从获取购房资格，到找小贷公司垫资，再到办理经营贷，代持炒房等，“深房理”为炒房者提供了全方位的一条龙服务。其一系列操作，不断突破房地产调控的一道道防线。“深房理”们的存在，从侧面印证了调控“打补丁”和“堵漏洞”的重要性。同时也表明，房地产调控不得轻易放松，一旦松懈，炒房客们极有可能卷土重来。

从“深房理”案件中可以看出，降低炒房杠杆迫在眉睫。打击炒房，首要的是管住信贷资金。根据通报，“深房理”相关人员共涉及住房按揭贷款、经营贷和消费贷等不同类别，问题贷款金额合计10.64亿元，其中，涉及经营贷3.80亿元。深圳同时公布的排查结果显示，全市共发现21.55亿元经营用途贷款违规流入房地产领域。大量资金违规进入楼市，使得房地产领域金融风险不断加大。据媒体报道，一些炒房者在“深房理”的洗脑下借钱、借贷购房，最后面临资金链断裂，无力偿还贷款，只能低价拍卖房产，最终损失高达几百万元。不仅银行贷款违规进入楼市，不少小贷、融资担保公司也参与炒房。而且，还存在以多次转账、化整为零、提现等方式规避资金流向监控等扰乱金融市场秩序的行为。可见，房地产调控要“牢牢抓住房地产金融这个关键”。

个别中介机构服务人员为炒房推波助澜，从中获益，规范中介机构十分必要。据通报，“深房理”会员中有 44 人为深圳市持牌房地产中介人员，他们为违规炒房提供便利被纳入“黑名单”。近期国务院有关会议强调，要持续规范房地产市场秩序，切实管好中介等市场机构，坚决查处市场乱象。住房和城乡建设部等八部门近日提出持续整治规范房地产市场秩序，力争用 3 年左右时间，实现房地产市场秩序明显好转，其中，中介机构被列为整治重点。

打击炒房行为，应该打掉房价过快上涨的预期。“深房理”之所以敢冒违法犯罪的风险炒房，且吸引众多追随者，归根结底是因为房价不断上涨，通过投资楼市炒作房价获利空间巨大。稳定楼市，应该通过加大供给，加快发展保障性租赁住房力促供需平衡。同时，需要综合利用土地、金融、财税、行政调控、市场整顿等长效机制建设，实现房地产市场长期平稳健康发展。

（刊发于 2021 年 8 月 11 日产经版）

房地产中介会退出市场吗

近日，杭州市二手房交易监管服务平台上线了“个人自主挂牌房源”新功能。一时间，不少网友难掩激动心情：个人可以在官方平台上发布房源了，意味着可以绕过市场上的中介机构买二手房，能够省下一大笔中介费。对于房地产中介服务企业而言，这显然不是什么好消息，唱衰的声音迅速跟上，认为二手房中介即将被官方平台取代。可能是受到杭州官方上线个人交易平台消息的影响，在纳斯达克上市的国内中介头部企业贝壳，股价应声而落。

其实，官方二手房交易监管服务系统一直“蠢蠢欲动”。杭州的二手房官方平台不是这几天才新上，早在 2016 年就已经推出，只不过这一次更新了个人自主挂牌功能。官方平台也不是只有杭州才有。据了解，北京也曾经在多年前推出存量房交易服务平台。河南商丘永城市也曾设立房产信息中心，提供二手房求购、出售以及房屋求租、出租等服务。

杭州之前，最新动态来自深圳。今年 6 月 24 日深圳短暂上线了官方“二手房交易系统”，其功能也包含“自助卖房”。当地有关负责人对于很快下线的解释是，目前仅在测试阶段，系统的目标在于严控业主的挂牌价，让二手房交易更加透明以及协助监管中介市场乱象。

官方平台个人自主挂牌功能上线，意味着二手房自主交易有了新渠道，在一定程度上释放了加大二手房市场监管力度的信号。近年来，随着二手房交易量在总交易量中的占比日益攀升，二手房市场平稳对于稳定房地产市场越来越重要。过去房地产市场调控措施多是针对新房市场，二手房市场调控和监管相对薄弱。今年以来，众多城市出台了二手房指导价。发挥好二手房交易监管服务平台作用，就是增加调控和监管的抓手。

目前，官方二手房交易监管服务平台要真正发挥作用，还有待于进一步完善其功能，中介机构短期内还难以被取代。杭州市官方平台相关负责人坦言，上线“个人自主挂牌房源”功能主要目的是便民，为个人房主卖房提供全新售卖渠道。房主可以把房源挂在官方平台上的同时，也可以挂到中介那里，提高成交机会。如果涉及按揭贷款、产权调查等专业服务，目前仍无法绕开中介。

杭州的官方平台功能还比较单一，仅能够展示房源和房东联系电话。如果买卖双方商定好价格，且产权清晰，无贷款需求，仅利用官方平台的确能很快成交。然而，绝大多数二手房交易比较复杂，成熟的中介机构能验证购房者是否具备购房资格、进行专业税费计算、筛选房源、带看、分析对比房源优劣、帮助办理抵押、贷款、缴纳契税、网签等一系列专业服务。更重要的是，当前资金风险、交易瑕疵等交易安全方面的隐患越来越多，中介的存在有助于降低买卖双方交易中的风险。杭州官方平台的相关负责人也表示，目前平台尚未设立资金监管账户，下一步将会考虑设立资金监管账户，解决买卖双方的后顾之忧。

毋庸置疑，对于官方二手房交易平台，广大群众是十分乐见其成的。官方平台提供房源核验和房源的全面信息展示，有利于买卖双方之间的信息通畅。政府的背书，可信度高，有利于消除假房源，净化交易环境，避免买卖双方获取虚假信息。尽管官方平台短时间难以提供更加深入细致的服务，如果更多城市推出官方二手房交易平台并逐步完善，势必影响行业发展结构。有业内人士还认为，官方平台可以和中介服务机构有所分工，并非要取而代之。

购房者对于官方平台的高度期待，从某种程度上也折射出广大群众对二手房中介服务机构现状的不满。当前二手房交易中乱象频出，个别中介服务机构和人员通过虚假房源招揽买家，怂恿业主抱团涨价等。更多的吐槽则来自高昂的中介费，特别是在一线等热点城市，以总房价为计算基数的中介费着实是一笔不小的支出。

有关部门对于中介机构的监管力度正在进一步加大。众多城市在出台整治房地产市场秩序的举措时，都将加大对二手房中介机构的监管力度作为重要内容。今年住房和城乡建设部等八部门联合发出通知，提出力争用 3 年左右时间实现房地产市场秩序明显好转，对中介机构的监管再度被提及，规范中介服务是市场的期待。

（刊发于 2021 年 8 月 25 日产经版）

以地方性立法规范住房租赁市场

首部地方版住房租赁条例来了！8月24日，北京市住房和城乡建设委就《北京市住房租赁条例（征求意见稿）》(下称《条例》)向社会公开征求意见。北京市拟以地方性立法规范发展住房租赁市场，表明地方政府更加重视通过住房租赁解决广大群众的住有所居问题。《条例》体现了未来对住房租赁市场加强监管的方向，回应了租房者的关切，也为行业的未来发展提供了支持。

从征求意见稿中可以看出，未来对于住房租赁市场的调控，将成为房地产市场调控的重要组成部分，限制租金涨幅、实行租金指导价等措施，将促进实现租金平稳。

征求意见稿明确，“住房租金快速上涨时，住房城乡建设等主管部门可以采取限制住房租赁企业经营房源的租金涨幅、查处哄抬租金行为等措施，调控住房租赁市场。必要时可以实行佣金或租金指导价”。这体现出北京加强租赁市场调控和实现租金平稳的决心。

保障承租人居住安全和提升居住质量是《条例》的重要取向。对于威胁承租人居住安全的群租问题，征求意见稿明确规定，“按照规划设计的套、间出租”；“住宅的起居室、厨房、卫生间、阳台、储藏室等不得单独出租用于居住”。这意味着当前仍存在的住房租赁企业通过“打隔断”增加房间数量，以及客厅等区域出租住人等情况将不被允许。曾引起高度关注的长租公寓“甲醛房”问题也有提及，“室内装修空气质量不符合有关标准规范的”属于不得出租用于居住的情形。

近年来，长租公寓、租金贷、短租房等“租赁 + 互联网 + 金融”新业态、新模式不断出现，亟须完善住房租赁管理制度体系。长租公寓曾在资本的裹挟之下跑偏了方向，爆雷频现。其中的关键问题在于“长收短付”形成资金池——长租公寓企业一边月付房东租金，一边一次性收取租房者 1 年左右的租金，这中间 11 个月的租金差形成巨大资金池。一旦企业利用这些资金投资失败从而资金难以回笼时，会给房东和租房者带来巨大损害，不少租房者甚至因此无家可归，流落街头。征求意见稿明确，“住房租赁企业向承租人单次收取租金的数额一般不得超过 3 个月租金总和；超过的，收取的租金应当纳入监管”。此举将从根本上杜绝资金池形成。

征求意见稿还提出了不少培育和发展住房租赁市场的举措，给众多住房租赁企业带来利好。如，“鼓励将低效、闲置的办公、商业、旅（宾）馆、厂房、仓储等非居住房屋建筑按规定改建为租赁住房”“鼓励村民将宅基地房屋依法交由村集体经济组织对外出租”“鼓励商业银行为租赁住房建设和运营提供期限匹配、利率适当、风险可控、商业可持续的信贷产品和服务”等。看到未来广阔发展前景，众多房企均涉足住房租赁业务。面对租赁业务投资大，回报周期长等问题时，住房租赁企业应坚定信心，抢抓机遇，规范经营，向精细管理要效益。

住房租赁越来越受关注，我国长期以来形成的“售卖一条腿长，租赁一条腿短”的情形正在改观。无论是加快推进保障性租赁住房建设，还是规范发展长租房市场，都屡次被中央有关会议和文件提及。地方也正在出台支持政策推进住房租赁发展。如“十四五”期间，广州力争筹建公共租赁住房 3 万套，保障性租赁住房（含人才公寓）60 万套。上海预计形成供应租赁住房超过 42 万套（间、床位），占住房供应总套数的 40%。

在此过程中，立法或将成为住房租赁发展的重要支撑和保障。住房和城乡建设部曾在 2017 年和 2020 年就《住房租赁和销售管理条例》和《住房租赁条例》公开征求意见，相信立法进程会加快推进。同时，北京市推出首部地方版住房租赁条例的征求意见稿，对于需要加快发展住房租赁市场的人口净流入大城市而言，具有风向标意义。征求意见稿开启各地以立法规范和发展住房租赁市场大幕，未来地方性立法或将是大势所趋。

（刊发于 2021 年 9 月 1 日产经版）

建立人房地钱联动长效机制

长效机制建设对于房地产市场的平稳健康发展至关重要。2018年，党中央、国务院决定实施房地产长效机制。经过几年探索，围绕稳地价、稳房价、稳预期，通过始终坚持“房住不炒”定位，落实城市主体责任，逐步建立人、房、地、钱四位一体的联动新机制，我国房地产市场总体保持了平稳运行。实践证明，房地产长效机制符合国情，符合房地产市场发展规律，是精准有效的。

长效机制是相对短期手段而言的。过去，房地产市场发展的过程中，曾多次把对房地产市场的刺激作为带动经济增长的方法，一定程度上将房地产市场工具化。近年来，不将房地产作为短期刺激经济的手段多被提及。可以看到，即便是在2020年，新冠疫情非常严重的时期，“房住不炒”定位，“不将房地产作为短期刺激经济的手段”也是一以贯之地坚持。

人、房、地、钱四位一体的联动新机制，是房地产长效机制的核心内容，也为未来房地产市场调控指明了方向。

人，对应住房需求。在房地产长效机制建设中，既保护合理的住房需求，缓解特定群体的住房困难，也抑制不合理的投机和炒作需求。比如，金融机构对于购买首套住房的刚需人群和刚需以外购房者有首付和贷款利率上的差异，差别化信贷政策体现了对刚需购房人群的支持。为缓解新市民和青年人的住房困难，国家大力倡导加快发展保障性租赁住房，并提出了土地、税费等方面的支持和优惠政策。对于投机炒作人群，则通过不断完善限购、限贷，打击假离婚、假小微企业等相关政策，实现调控“打补丁”和“补漏洞”。

房，对应住房供给。我国住房保障供应体系逐步清晰，住房租赁供给力度正在加大。近日，我国首次明确了住房保障体系的顶层设计，今后国家住房保障体系以公租房、保障性租赁住房和共有产权住房为主体。同时，在解决好大城市住房突出问题上，为改善长期以来存在的“售卖一条腿长，租赁一条腿短”的状况，将加快补齐住房租赁短板。包括高度重视保障性租赁住房建设，完善长租房政策，逐步使租购住房在享受公共服务上具有同等权利，规范发展长租房市场。相信“十四五”时期，将有更多新市民、青年人愿意以租赁方式解决居住问题，租赁住房的供给扩大也将对平抑大城市高房价起到一定作用。

地，表明需要稳地价，土地将成为扩大租赁住房供给的重要支持手段。房价过快上涨与高地价密不可分，稳地价是稳房价的重要前提。今年以来，一些热点城市实施了土地出让“两集中”规则，从不定期土地出让，到集中发布土地出让规划、集中组织出让，一定程度上稳定了房企拿地预期，有利于地价稳定。同时，限房价、控地价、提品质的做法正在得到推行。有关部门还严格购地企业资格审核，并建立购地资金审查和清退机制，以此降低企业经营风险。在发展保障性租赁住房的过程中，明确可以利用农村集体经营性建设用地、企事业单位自有闲置土地、产业园区配套用地和非居住存量闲置房屋等来建设，这些土地和房地产过去并不能用于住宅，而今可以用于保障性租赁住房，这是土地政策上的重大调整和突破。

钱，表明将进一步加强房地产金融管理。从去年至今，房地产金融管理的各项措施发挥显著作用。针对房地产开发企业的“三线四档”融资管理规则，使得房企降负债、降杠杆取得积极成效，经营财务指标明显改善。银行金融机构房地产贷款集中管理制度的实施，使得银行业金融机构房地产贷款、个人住房贷款集中度稳步降低，避免了银行贷款过多流向房地产领域。房地产金融管理是抑制房价过快上涨，避免泡沫持续累积，降低房地产金融风险的关键举措。

房地产长效机制不是短期手段和权宜之计，而是着眼长远的根本遵循。可以预见，房地产长效机制将继续坚持和完善，也将不断推动我国房地产市场实现平稳健康发展。

（刊发于2021年9月15日产经版）

房企行至十字路口

目前，个别大型房地产企业生产运营过程中出现了一些困难，遇到了发展的“十字路口”。国家统计局新闻发言人对此表示，这对整个行业的影响仍需进一步观察。此前，金融主管部门也曾要求有关房企努力保持经营稳定，积极化解债务风险，维护房地产市场和金融稳定。一方面，大家都希望企业渡过难关，把对购房者、供应商、投资者等的影响降到最低。另一方面，应该从个别房企债务风险中得到警示，认清行业发展新路径。

个别房企出现债务危机，是房地产行业长期高杠杆、高负债模式下蕴藏风险的集中体现。近一两年来，陆续有个别房企出现开发项目停工、资金链吃紧、因为经营困难寻找战略投资方等消息传出，涉及的既有地方企业，也有大型知名企业。高杠杆和高负债必然伴随高风险，但个别企业经历过行业的高速发展阶段，习惯于高负债、高杠杆模式下带来的高利润而不愿转变。

这些债务风险给整个行业敲响了警钟。一旦资金链出现断裂，项目停工，已经支付购房款的购房者不能如期收房，将面临资金损失，大量企业员工离职。一些建筑材料供应商、施工企业等难以拿到货款或结算资金。在房企难以偿还贷款的情况下，银行或将面临一定坏账，从而带来财务困境和风险。

房地产领域体量大，产业链长，对整个经济社会发展牵一发而动全身。房地产行业对经济增长、投资增长的贡献率高，给地方财政带来的财力支撑作用强，就业人数庞大，其平稳健康发展对整个经济社会至关重要，企业的经营风险值得高度关注。尽管当前只是个别房企暴露了债务危机，整个行业也亟须全面梳理并及时化解存在的风险。

高杠杆、高负债模式如不改变，可能还会有更多企业走向危机。从这个角度讲，有关部门出台重点房地产企业资金监测和融资管理的“三线四档”规则恰逢其时。“三线四档”给房企经营设立了清晰的参照指标，有利于督促其回到安全经营轨道上来。“三条红线”——剔除预收款后的资产负债率大于70%；净负债率大于100%；现金短债比小于1，体现的正是企业杠杆的高低，以及资金流动性是否安全和短期偿债能力。踩一条红线的企业归为黄档，踩两条是橙档，三条线都踩则是红档，只有三项指标都合格才是安全的绿档。这不但是一项管理规则，也将成为消费者选择房企品牌的重要参考。

当前，降杠杆、降负债应成为房企的头等大事，房企应该认真对照“三线四档”规则。从贝壳研究院根据上市房企2021年中期报告整理的一份房企“踩线”情况看，纳入统计的85家企业中，有8家企业位于红档，占比9%，经营风险值得高度警惕。此外，橙档企业13家，占比15%；黄档企业32家，占比38%；绿档企业32家，占比38%。

应该清醒地认识到，房企靠高杠杆、快周转实现高利润的阶段恐已不再。我国住房总量已经总体告别短缺，在房地产长效机制建立并不断完善，高质量发展、房住不炒等政策和背景下，房地产行业正在从过去的高歌猛进到目前的稳步前行。企业增长方式应从财务杠杆驱动的规模扩张型向稳健发展的质量效益型转变。

行稳致远，细水长流。企业经营者须尽快转变心态，积极应对形势变化。我国经济基本面长期向好，城镇化进程继续推进，人民对美好居住生活的向往不断提升，房地产行业仍有很大发展空间。值得关注的是，在利润降低、增长速度转慢的变化之下，需要企业认真思考未来的发展路径。比如，有企业提出将向综合型的城市服务商、产城融合的新区发展商转型，将努力提升产业投资和科技园运营能力。紧跟未来发展方向，房企或能在城市更新、老旧小区改造、住房租赁、物业管理、社区养老等方面赢得更多发展机会。

（刊发于 2021 年 9 月 22 日产经版）

房地产调控不可轻言放松

个别房地产企业在生产运营中出现了一些困难、房价环比下跌的城市持续增多、第二轮集中供地过程中多个城市出现了土地流拍……透过这些现象，可看出房地产市场当前的状况与前一段时间发生了一定变化。一时间，各种不确定因素困扰着这个行业。

事实上，从大局看，当前房地产市场整体运行仍保持平稳，房地产行业的基本面并没有发生明显改变。国家统计局的数据显示，1—8 月份，商品房销售面积两年平均增长 5.9%；商品房销售额两年平均增长 11.7%。房地产开发投资保持基本稳定，1—8 月份两年平均增长 7.7%。这些情况说明，随着各方面持续推进房地产市场调控，抑制房地产市场不合理需求，保证正常需求的释放，同时房地产市场多主体供应、多渠道保障、租购并举等制度措施不断完善，房地产市场仍有望保持稳定发展。

从局部看，个别企业债务危机和个别城市出现土地流拍、房价下行城市个数增多等，目前尚属个别的情况。因此，既应高度重视，避免风险扩大化，更应该理性看待并从中吸取教训。“三线四档”房地产企业融资管理规则是衡量企业金融风险的具体指标，当前“三条红线”均踩的高风险“红档”企业是少数，处于“绿档”不踩线的企业仍是大多数。个别房企出现的经营困难对于整个行业发展的影响还需要观察。土地市场的降温与土地使用权拍卖规则的变化相关，更多城市要求“竞品质”，对企业的要求提高，同时叠加企业资金压力增加、利润预期降低等因素，导致房企对拿地的观望情绪上升，土地使用权拍卖规则的优化有助于稳定土地市场和稳地价。房价整体涨幅延续回落态势，表明一段时间以来房地产长效机制建设取得积极成效，房地产市场过热的态势得到抑制。

房地产行业从旧有模式走到今天，已经到了痛下决心改变的时刻。如果再以高杠杆、高负债推进其发展，发生系统性金融风险的可能性就会越来越大。当前，市场总体平稳，企业降杠杆降负债取得积极成效。实践证明，房地产长效机制建设正在发挥作用，是精准有效的。成果来之不易，应该不断完善相关政策和举措，巩固长效机制建设成果，进一步促进房地产市场平稳健康发展。

个别房企和个别城市出现了新情况新问题，不应该成为放松调控的理由。每当市场出现下行趋势，总会有“放松调控”“救市”的声音出现，最近也不例外。当前，不能因为个别房企和个别城市出现一些新情况，就轻言放松调控，不能重回将房地产作为短期刺激经济手段的老路上去。“房住不炒”“稳地价、稳房价、稳预期”的政策主基调不应也不会改变。

行业调整期出现短期阵痛在所难免，这有利于其长远可持续发展。房地产行业正告别过去大规模扩张的阶段，走在回归理性和稳健发展的道路上，住房也从过于强调其投资属性向居住属性转变。化解经营过程中的金融风险，将杠杆率和负债水平保持在合理区间，不仅是眼下的首要任务，更应成为房企的长期坚持。结束过去高增长阶段，房企利润率趋于平缓，对企业运营能力有更高要求，管理红利的时代已经到来。

房地产行业仍有不小的发展空间，市场无须过于悲观。从近处看，一些财务指标健康，资金较为宽裕的企业，面对当前行业的大洗牌反而有望将自身优势进一步扩大。着眼长远，我国经济从高速增长向高质量发展迈进，城市发展正由大规模增量建设转为存量改造和增量结构调整并重，房地产企业若着眼于此多下功夫，仍可赢得光明未来。

（刊发于 2021 年 9 月 30 日产经版）

发展住房租赁控“三高”

房地产行业正经历深度调整和变革。长期以来，高杠杆、高负债、高周转开发带来高风险，这种模式难以为继。“房住不炒”、房地产金融调控、我国住房总体告别短缺等大背景之下，房地产行业遍地黄金的时代结束了。对于房企而言，需紧跟国家未来发展规划，寻求转型发展新增长点。进入住房租赁领域，发展保障性租赁住房，或可成为房企转型发展的重要方向。

住房租赁领域是新机遇，首先因为我国住房租赁市场需求广阔。第七次人口普查数据显示，2020 年全国流动人口为 3.76 亿人。绝大多数流动人口通过租房解决居住问题。以浙江省为例，2020 年流动人口中 95% 以上靠租房。城镇化率继续提升的过程中，还将有大量人口从农村走向城市，住房是首要问题，新市民、青年人渴求通过租赁解决居住问题。此外，我国每年有规模庞大的新就业大学毕业生，2021 年应届毕业生就达 909 万，刚刚步入社会的他们需要租房安身。这两个群体汇成了庞大的租房需求。统计表明，北京、上海、广州、深圳、杭州等城市，租房人口占常住人口比例已达 40% 以上。

住房租赁成为房企转型重要方向，还在于这将是未来发展重点。一改过去重购轻租，住房租赁越来越凸显其重要性。2020 年年底的中央经济工作会议提出，要高度重视保障性租赁住房建设，加快完善长租房政策，规范发展长租房市场。政策把发展住房租赁提到前所未有的高度。今年 7 月，国办印发《关于加快发展保障性租赁住房的意见》。我国还提出，把发展保障性租赁住房作为“十四五”住房建设的重点任务。

能够吸引企业发展住房租赁，最根本还是要让他们看到盈利空间。过去我国住房租赁发展缓慢的一个核心问题是企业搞房地产开发可以赚所谓的快钱，而发展住房租赁周期长，收益慢，企业不愿为此投入。一方面，我国住房租赁收益率过低，据测算，在一些大城市出租住房需 40 年至 60 年才能收回购房成本；另一方面，无论是新建还是改建租赁住房，由于投资回收期长，都需要长期、低成本、大量的资金支持，但长久以来这种融资渠道并不完善。

值得欣喜的是，保障性租赁住房的最新政策，可以打消企业发展住房租赁的一些顾虑。第一，用于建设保障性租赁住房的土地可以不花钱。无论是利用企事业单位自有闲置土地、存量闲置房屋改造，还是利用园区配套用地、集体经营性建设用地建设保障性租赁住房，均不补缴土地价款。第二，将降低税费负担，利用非居住存量土地和非居住存量房屋建设保障性租赁住房，比照适用住房租赁增值税、房产税等税收优惠政策，同时将免收城市基础设施配套费。企业还可得到信贷支持，国家将支持银行业金融机构向保障性租赁住房自持主体提供长期贷款。相信一系列优惠政策会让企业“算得过来账”，对于引导和支持企业建设保障性租赁住房起到积极作用。

住房租赁发展的外部环境也不断向好。长租公寓乱象丛生、爆雷频现的状况已随市场洗牌和主管部门整顿逐步改观。首部地方版租房条例《北京市住房租赁条例（征求意见稿）》已经发布，标志着住房租赁越来越走向以法治化规范发展的道路。多省市将大力发展住房租赁写入“十四五”住房发展规划。正是看好未来发展机遇，一些长租公寓企业正加大房源持有量。仲量联行最新发布的《中国长租公寓市场白皮书》指出，10 家市场头部长租公寓品牌的存量房源总数已从 2018 年底的 35.6 万套翻番增长至 2020 年底的 73 万套。早期布局住房租赁的房地产开发企业，其长租公寓业务发展迅速。如万科的泊寓和龙湖的冠寓今年上半年营业收入均实现同比较大增幅。

可以预见，发展住房租赁将促进房企实现转型发展。

（刊发于 2021 年 10 月 6 日产经版）

这个“金九银十”有点冷

“金九银十”是房地产市场传统销售旺季，每年过了九、十月份，这一年销售就接近尾声。所以每年房地产开发企业都在这期间加大推盘力度，丰富促销手段，以期冲高业绩，加速回款，也好让全年的数据更好看些。从今年九月份和“十一”长假各地市场情况来看，过去曾在“金九银十”出现的抢房潮、日光盘等热闹场景难觅踪影，楼市总体观望情绪浓。

58安居客房产研究院数据显示，其重点监测的63个城市中，有55个城市今年9月新房成交量同比下滑，平均下滑幅度达47%。中国指数研究院的数据显示，今年“十一”长假期间，其重点监测城市新建商品住宅成交面积较去年同期下降33%，二、三、四线城市市场降温更为明显，各线代表城市平均降幅均超四成。一些三四线城市售楼处甚至出现鲜有购房者问津的情况。就连上半年火爆的北京热点区域学区房市场，成交量也明显下降，且出现价格松动。

从以上统计数据和市场情况看，房地产市场总体趋冷，一些过去“高烧不退”的城市和区域在“退烧”。原因在于密集的房地产调控措施持续发力，调控效果不断显现，市场逐步回归理性。当前市场降温比较重要的原因在于金融调控下银行贷款收紧，一些城市房贷额度紧张，贷款周期拉长，购房者从银行取得购房贷款需要排队。

此外，多地出台二手房指导价，也对稳定二手房市场预期，避免违规资金进入市场炒作房价起到了积极作用。

同样热情不高的还有土地市场。房企“三道红线”和房地产贷款集中度管理等金融调控政策叠加，企业降杠杆、降负债，经营趋稳。同时，当前一些房企资金相对不充裕，限价等调控措施摊薄利润，加之对后市持观望态度等因素导致拿地积极性受到影响，以致当前土地市场也开始降温。正在进行的新一轮土地集中出让，土地“流拍”、暂停出让的情况时有发生。

当前，房地产市场分化仍十分明显，调控“一城一策”的特点更加突出。一些城市仍在继续完善房地产调控，出台“打补丁”“堵漏洞”等措施，比如东莞近日出台了二手房指导价。截至目前，已有超过十个城市出台二手房指导价。也有城市出台鼓励支持性政策，如哈尔滨从缓解房企流动资金压力和促进购房需求释放等方面促进市场平稳，出台了给相关购房者发放购房补贴等措施。

值得关注的是，政策微调不应过度解读为调控放松。无论是抑制过热还是促进需求释放，目的均在稳定市场。总体而言，房地产调控不应也不会放松，其必要性早已不言而喻，当前调控成果来之不易，应进一步巩固。

促进房地产市场平稳健康发展，仍应坚持“房住不炒”定位，不将房地产作为短期刺激经济的手段。同时，各地情况千差万别，市场发展瞬息万变，房地产调控措施和后期微调十分必要。房地产市场发展须“稳”字当头，地方政府应因城施策，一城一策，既抑制房地产泡沫，又防止大起大落。

防范和化解房地产市场金融风险始终需要重视。当前，个别房企出现经营困难引发关注。房地产行业的体量大，产业链长，需避免个别房企的风险向其他产业扩散，警惕出现连锁反应。要按照央行要求，切实“维护房地产市场的健康发展，维护住房消费者的合法权益”。当务之急是采取措施避免因房企资金链问题而出现“烂尾楼”，不能让购房者倾尽全力购买，交房却遥遥无期。有关部门有必要高度关注房地产企业的经营状况和经营风险，对房地产行业做好风险预警，加强引导，防患于未然。

房地产市场的长期平稳健康发展，归根结底还需不断完善基础性制度和长效机制。人、房、地、钱四位一体的联动新机制，是房地产长效机制的核心内容，也为未来房地产市场调控指明了方向。

（刊发于2021年10月13日产经版）

对中介“吃差价”行为说不

深圳的夏女士花4150万元买了深圳市南山区的一套房产，并向中介机构中原地产支付中介服务费33.2万元。事后却得知，卖家仅收取了购房款3900万元。夏女士认为，中介吃走了250万元差价，她要求拿回这部分。此事披露后，迅速登上热搜。

应该明确，中介“吃差价”是违规的。《房地产经纪管理办法》明确，房地产经纪机构和房地产经纪人员不得有如下行为：根据对交易当事人隐瞒真实的房屋交易信息，低价收进高价卖（租）出房屋赚取差价。

对于涉嫌违规“吃差价”，涉事方作了回应。中原地产撇清了与这笔差价的关系，认为自己正常收取中介费，与拿到250万元的深安房地产无任何关系，不违规。原来整个事件中，除买卖双方和中原地产三方之外，还有个“第四方”——深圳深安房地产代理有限公司。深安公司承认自己拿到250万元的事实，但声称自己未参与房屋买卖的中介业务，250万元是其为卖家做软装设计、装修等的“策划服务费”，同样合理合法。

深安公司收250万元的行为是吃了差价吗？深安公司即使对房屋做软装设计和推广，需要250万元那么多吗？尽管深安公司的确可能对房屋进行美化改造，花费也十分有限，实际上都是为其作为中介机构的吃差价行为打掩护。同时，深安公司以策划服务之名行中介之实，以策划服务为由绕开有关政策条文和监管。如将深安公司的“策划服务”认定为中介行为，则佣金应对买方和卖方透明。深圳市房地产中介协会发布的《关于实施“佣金透明化”要求的通知》规定，房地产中介机构提供中介服务，应就服务项目、计费依据与标准及各方应付佣金及其税费分担等，明确告知交易双方，不得“背靠背”，刻意隐瞒牟取不正当利益，或与一方当事人串通，损害另一方当事人利益。因此，深安公司同样可能涉嫌违规。

不过，也有律师认为，买家委托中原地产买房，卖家为更快卖房，找另一家中介机构深安公司提供策划和软装服务，深安公司收取委托合同中规定应得的250万元报酬，过程中并不存在问题。

中介机构的行为是否违规，夏女士能否要回250万元，广大购房者期待定论。深圳市房地产中介协会曾在接受采访时表示，深安公司与业主所签订策划代理协议，以及业主支付给深安公司的250万费用尚无定论，需从法律层面判断。

有时候，违规与创新发展，可能仅仅是一步之遥。在其他国家，对于中介为了促成交易，帮助卖房者进行包装、装修、推广等提高房屋价值并收取佣金的中介服务模式早已有之。只不过，这样的操作建立在阳光透明的基础之上，并且遵守相应行业规范。

面对国内这类涉嫌打擦边球的行为，有关部门应尽快补上监管漏洞。中介行业的规范发展，还有赖于主管部门通过行政规章等形式，进一步明确中介服务机构的行为边界，对于确实不利于房地产市场稳定发展，损害买卖双方利益的行为，应予以明令禁止。

把各方交易置于阳光之下，不良交易就会无处遁形，完善基础设施势在必行。目前我国二手房交易推行的仍然是双边代理，即中介服务人员既为卖家服务，也为买家服务。为促成交易，中介服务人员也常常利用信息不对称操纵交易价格。如果官方二手房信息交易平台更加完善，买方和卖方对于交易价格都能做到心中有数，“吃差价”的行为就会大大减少。正如不少业内人士呼吁的那样，应该加快建立二手房信息交易平台，补齐基础设施短板，以促进行业规范健康发展。

（刊发于 2021 年 10 月 20 日产经版）

共同富裕需要房地产市场稳健发展

房地产行业因体量大、产业链长，在我国经济发展中的作用举足轻重。住房问题是重要的民生问题和发展问题。在推动共同富裕的政策背景下观察房地产市场，有助于我们看清房地产行业的未来发展趋势。

扎实推动共同富裕，将提高发展的平衡性、协调性、包容性。要强化行业发展的协调性，加快垄断行业改革，推动金融、房地产同实体经济协调发展。

长期以来，房地产同金融的交织日益密切复杂。资金过多进入房地产领域，导致房地产企业持续加高杠杆提高负债，风险不断加剧，大型房企出现债务危机和经营困难引发高度关注。金融主管部门负责人也曾多次发声提示警惕房地产领域金融风险。当前进行房地产金融调控，正是推动金融、房地产同实体经济协调发展的突出体现。以针对房地产企业的“三线四档”融资管理规则和针对银行的房地产贷款集中度管理为代表的调控效果正在显现。当资金不再过度集中于房地产领域，将更多流向实体经济，强化资金对创新的引领。可以预计，推动金融、房地产同实体经济协调发展，将使房地产行业逐步回归理性，也将告别过去快速发展阶段而进入相对平稳状态。

扎实推动共同富裕，将着力扩大中等收入群体规模。要增加城乡居民住房、农村土地、金融资产等各类财产性收入。持有住房是增加财产性收入的重要渠道，增加城乡居民住房类财产性收入，将有利于扩大中等收入群体规模。应充分满足城乡居民的刚需和改善性等基本购房需求，实现住有所居的同时，也能有力增加其财产性收入。

需要明确的是，增加住房类财产性收入，不是鼓励炒房。而应建立在房地产市场平稳健康发展的基础上，且必须坚持“房住不炒”定位。扎实推动共同富裕，将促进基本公共服务均等化。要完善住房供应和保障体系，坚持房子是用来住的、不是用来炒的定位，租购并举，因城施策，完善长租房政策，扩大保障性租赁住房供给，重点解决好新市民住房问题。

努力实现全体人民住有所居，是推动共同富裕的应有之义。我国住房保障体系已完成顶层设计，明确包含三种住房：公租房、保障性租赁住房、共有产权住房。我国正加快补齐住房租赁短板，租赁住房可成为居民购房之外解决居住问题的重要途径。其中，特别是在人口净流入的大城市，旨在解决好新市民、青年人住房问题的保障性租赁住房将作为发展重点。随着住房保障体系的完善，房地产市场的平稳健康发展，广大城乡居民获得感也将大大增强。

扎实推动共同富裕，要积极稳妥推进房地产税立法和改革，做好试点工作。10 月 23 日，第十三届全国人民代表大会常务委员会第三十一次会议决定：授权国务院在部分地区开展房地产税改革试点工作。开展试点工作，标志着我国在积极稳妥推进房地产税立法与改革过程中又迈出关键一步，将为最终房地产税立法奠定坚实的实践基础。过去多年来，房价的快速上涨让商品住房的市值不断攀升，部分家庭通过买房实现了财富的积累和增值，房产成为居民财富差距的重要原因。央行 2020 年发布的数据显示，我国居民住房资产占家庭总资产的比重为 59.1%。房地产税改革的方向之一在于增加持有环节税收，从而调节收入分配，将有利于加强对高收入的规范和调节。

推动共同富裕背景下的房地产行业，将更加平稳健康发展。房地产政策将重点在防风险、保刚需、重保障、调分配等方面持续发力。房地产拥有较大行业规模，尽管告别过快增速，仍将在推动经济发展方面发挥重要作用，且在住房租赁、城市更新、老旧小区改造等方面仍有广阔结构性发展空间。

（刊发于 2021 年 10 月 27 日产经版）

保障性租赁住房将唱“重头戏”

今年以来，各地筹集保障性租赁住房的速度在加快。来自住房和城乡建设部的最新数据显示，2021 年，全国 40 个城市计划新筹集保障性租赁住房 93.6 万套，1 月至 9 月已开工 72 万套，占全年计划的 76.9%，完成投资 775 亿元。南京、无锡、宁波、佛山、长春、南宁 6 个城市已完成年度计划。

从各地近期公布的“十四五”住房规划中可以看出，保障性租赁住房将成为“十四五”期间各地住房供应中当之无愧的“重头戏”。上海市确定“十四五”期间新增建设筹集保障性租赁住房 47 万套（间）以上，达到新增住房供应总量的 45% 左右。广州市“十四五”期间建设筹集保障性租赁住房 60 万套（间），占住房总量的 45.8%。深圳市计划“十四五”期间建设筹集保障性租赁住房不少于 40 万套（间），占住房建设筹集总量的 45% 左右。北京市计划“十四五”期间新增保障性租赁住房占新增住房供应总量的比例不低于 30%。

这些数据释放出强烈信号：国家要下大力气解决好新市民、青年人的住房问题。在人口净流入的大城市重点发展旨在解决新市民、青年人居住问题的保障性租赁住房，是完善我国住房保障体系的重要政策部署。发展保障性租赁住房，是关乎我国未来住房发展的重大改革、重大民生工程和重大转型。

解决好新市民、青年人的住房问题有多重要？青年人是城市的未来和希望，城市发展得好，最终要靠吸引年轻人、吸引人才。当前，让全体人民住有所居的重点难点在于新市民、青年人。2亿多新市民、青年人中，约70%租房居住，其中近三分之二，也就是约1亿人买不起甚至租不起商品住房，只能租住在城中村、棚户区、地下室，或者群租、合租，居住条件很差。解决好新市民、青年人的住房问题，是提高城市竞争力和可持续发展能力的必然要求。

发展保障性租赁住房，将有利于缓解住房租赁市场结构性供给不足。当前的市场租赁住房以个人散租为主，个人散租房源约占房源总量的90%以上。总体来看，租赁住房结构性供需错配明显。小户型房源和多卫生间的房型不足；低租金房源不足；新市民、青年人等就业较为集中的中心城区房源不足，导致职住不平衡；住房租赁企业运营的租期较长且稳定的房源不足5%，而大量个人出租房源的平均租期仅为8个月，租赁关系不稳定。加快发展保障性租赁住房，能够切实增加小户型、低租金房源供给，优化租赁住房供应结构。

发展保障性租赁住房，有利于促进房地产市场平稳健康发展。保障性租赁住房能让初到大城市的新市民、青年人安心租住，用心工作，慢慢攒钱买房。显然，保障性租赁住房有助于稳定房地产市场预期，合理释放购房需求，缓解房价上涨压力。

发展保障性租赁住房，有利于促进住房消费和扩大内需。加快发展保障性租赁住房，既可以让更多新市民住上适当、安全和负担得起的租赁住房，又可以让新市民、青年人以相对较低的租金消费支出解决住房问题，避免高房价对消费的挤出效应，有利于落实扩大内需战略。

今年6月，国务院办公厅发出《关于加快发展保障性租赁住房的意见》(下称《意见》)，将通过全方位的大力政策扶持和优惠，引导市场主体积极参与保障性租赁住房发展。

过去，以市场力量发展住房租赁已有所尝试，面临的最大问题是投资回报周期长、企业积极性不高。根据新出台的《意见》，企业将获得重磅支持。企业用于建设保障性租赁住房的土地可以不花钱：利用企事业单位自有闲置土地、存量闲置房屋改造，利用园区配套用地、集体经营性建设用地建设保障性租赁住房，均不补缴土地价款。企业还将获得众多税费优惠，得到信贷支持。一系列优惠政策让企业“算得过来账”，对于引导和支持发展保障性租赁住房起到积极作用。

发展保障性租赁住房，将由省级人民政府负总责、城市人民政府负主体责任。对于地方政府而言，发展保障性租赁住房，既是“要我做”，更应形成“我要做”的责任担当。应通过确定发展目标、落实支持政策、建立工作机制、严格监督管理、加强激励约束等方式积极推动保障性租赁住房发展。

（刊发于2021年11月3日产经版）

房地产业应拥抱绿色机遇

城乡建设是推动绿色发展、建设美丽中国的重要载体。中办、国办日前印发《关于推动城乡建设绿色发展的意见》(下称《意见》)，明确了城乡建设绿色发展目标，对实现绿色发展路径做了全面部署，绿色将成为未来城乡建设的“主色调”。房地产业是与城乡建设绿色发展十分密切的行业，告别过去高杠杆、高周转和高负债率的发展阶段，房地产业应以绿色发展为突破口，从粗放向集约内涵式转变，加快实现绿色转型，寻找“绿色机遇”。

促进区域和城市群绿色发展，需要大中小城市和县城把握好房地产开发节奏，未来房地产开发更应强调规划的科学性。《意见》指出，统筹区域、城市群和都市圈内大中小城市住房建设，与人口构成、产业结构相适应。提高中心城市综合承载能力，建设一批产城融合、职住平衡、生态宜居、交通便利的郊区新城，推动多中心、组团式发展。推进以县城为重要载体的城镇化建设。

对于人口净流入的大城市而言，如果人口过度密集，住房供给不足，交通不畅，资源环境负累加重，则与绿色和谐宜居的目标相违背。而对于中小城市，罔顾住房需求和产业发展现状盲目上马房地产项目，终将造成资源浪费，同样不符合绿色发展理念。大中小城市和县城，应放在区域和城市群绿色发展的一盘棋中，“各美其美”，更加突出不同的功能定位。房地产企业需顺应大中小城市和县城的未来发展方向，有更加明晰的发展战略。

大城市应进一步增强综合承载能力，增加住房供给，更好发挥住房租赁的作用，着力解决好新市民、青年人的住房问题，大力发展保障性租赁住房。中小城市则要根据人口、产业的情况，避免房地产过度开发，同时严格限制建筑的高度，在房地产开发和城市更新中注重对历史文化的传承保护。建设郊区新城有助于将过于密集的人口从中心城市引向周边，缓解“大城市病”，并发挥大城市对郊区新城的带动作用。推进以县城为重要载体的城镇化建设，意味着广大农村居民走向城市时，县城将是重要一站。因此，大力提升县城的公共服务水平迫在眉睫。

城乡建设绿色发展，应推动高品质绿色建筑规模化发展。建筑能耗在全社会能耗中大体占到 40%，建筑垃圾占城市垃圾大体也是 40%，落实碳达峰、碳中和目标，房地产行业应该承担起责任。历经多年发展，我国已基本形成目标清晰、政策配套、标准完善的绿色建筑推进体系。截至 2020 年底，全国绿色建筑累计面积达 66.45 亿平方米。未来，不仅新建建筑向绿色发展，还将进行既有建筑的绿色改造，大力推广超低能耗、近零能耗建筑，发展零碳建筑。对于高品质绿色住宅，房企不能仅当其是营销噱头，而要切实加大超低能耗建筑研发力度，将高品质绿色住宅视为重要发展领域。

工程建设全过程绿色建造，也是房地产行业重要的转型升级方向。《意见》提出，“大力发展装配式建筑，重点推动钢结构装配式住宅建设”。装配式建筑使得施工现场作业的粉尘、噪声、污水大大减少，工程工期较大缩短，对环境的影响显著降低。近年来，装配式建筑占比不断提升，“十三五”期间装配式建筑的年均增长率为

54%，2021 年新开工装配式建筑占新建建筑的比例已达到 20.5%。2020 年新开工的钢结构住宅约 1200 万平方米，尽管占全国钢结构建筑的比例较小，但钢结构住宅仍是未来发展方向之一。

推动建筑使用过程中的绿色转型，也将给相关行业和企业带来新发展机遇。《意见》提出，“将推动形成绿色生活方式”“将培育壮大一批绿色低碳技术创新企业”“鼓励科研院所、企业等主体融通创新、利益共享，促进科技成果转化”。广大市场主体将从节能低碳节水用品，绿色装修，绿色建材、家具、家电，垃圾分类等方面，寻找到广阔的产业发展空间。

（刊发于 2021 年 11 月 10 日产经版）

商品房预售资金监管更严更细

一段时间以来，不少城市加大商品房预售资金监管力度。仅11月份以来，就有成都、北京等多个城市发布加强商品房预售资金监管的通知或办法。根据贝壳研究院统计，近两年是预售资金监管相关政策发布的高峰期，2020年至2021年10月中旬，全国主要城市共发布相关政策60次以上。

之所以有商品房预售资金监管，是因为我国在商品房销售时普遍实行预售制，也就是期房销售。房地产开发企业将已兴建但尚未竣工或即将兴建的商品住宅与购房者约定，由购房者交付定金或预付款，在未来某一时期拥有所购房屋。商品房预售制可以简单理解为“先交钱，再收房”。

房地产业是资金密集型行业，商品房预售制为过去房地产市场快速发展起到支撑作用，有效扩大了房地产开发企业的资金来源，增加房地产开发的建设量。同时，预售制也带来不少风险。购买期房者最大的担心就是把购房款交给开发商，开发商资金链断裂、跑路，购房者迟迟拿不到房，甚至可能面临房财两空的局面。现实情况中，楼盘烂尾无法交付，抑或是开发商拖欠建筑商、供应商款项，常常与预售资金被挪用有很大关系。

一方面，在监管不到位的情况下，部分定金和首付款项可能并未纳入资金监管账户；另一方面，房企违规挪用预售资金的情况并不少见。用于特定项目的建设资金被开发商放到企业的资金“大盘子”中使用，成为其现金流大循环的一部分。一旦企业出现经营困境、金融紧缩等情况，开发商整体资金链吃紧，就会波及具体项目，出现工程资金支付困难，延期交付甚至“烂尾”的情况。

因此，实施商品房预售制，严格的监管措施十分必要。由房地产行政主管部门会同银行对预售资金实施监督管理，将预售资金存入专门账户，根据工程进度放款，能够降低房地产开发项目烂尾风险。同时，加强预售资金监管，将规范房企合理使用资金，不仅有利于房企稳健经营，还有利于维护住房消费者合法权益，促进市场平稳健康发展，稳定预期。有关机构的监测数据表明，商品房预售资金监管能够使预售合同相关的民事纠纷数量大大下降。

为了更好保护购房者权益，避免楼盘“烂尾”情况的发生，预售资金监管应更为严格和精细。从近期多地出台的预售资金监管办法来看，不少城市正在朝这一方向努力。比如，北京市近日出台的《北京市商品房预售资金管理办法（2021 年版征求意见稿）》将预售资金监管的时间起点前移。过去，预售资金从网签开始才纳入监管，按照新征求意见稿，调整为先监管后网签，这能够避免此前将预售资金转到开发商账户，再转到资金监管账户过程中可能出现的资金挪用情况。征求意见稿还提高了资金监管的额度，要求重点监管资金每平方米不低于 5000 元，较此前有大幅提高。

可以预见，各地加大预售资金监管力度，客观上将促使企业进一步提升运营能力，有利于房地产企业朝着健康经营、信用良好方向努力。一些城市实施的与企业信用等级挂钩的差别化预售资金监管政策，加强了稳健房企的竞争优势。

（刊发于2021年11月17日产经版）

老旧小区改造要尊重居民意愿

老旧小区改造是造福人民群众的一项重大民生工程。在城市或县城，一些小区建成年代较早，存在失养失修失管、市政配套设施不完善、社会服务设施不健全等问题，居民改造意愿强烈。居民是老旧小区改造的主体，愿不愿意改、应该怎么改等各个方面，都需要居民参与，尊重居民意愿是老旧小区改造和运行管理前提。

2020年开始，我国城镇老旧小区改造工作按下“快进键”，惠及居民数量庞大。我国提出，到“十四五”期末，结合各地实际，力争基本完成2000年底前建成的需改造城镇老旧小区改造任务。2020年全国新开工改造城镇老旧小区4.03万个，惠及居民约736万户，超额完成了既定目标。2021年1月份至9月份，全国新开工改造城镇老旧小区5.12万个，占年度目标任务的94.8%。

老旧小区改造改什么，要多听广大居民的意见。不同的小区，居民的改造需求也存在差异，应该坚持自下而上、居民自愿的原则。老旧小区改造的项目众多，有对水、电、气、热等市政基础设施进行改造提升的基础类，也有加装电梯等满足居民生活便利需要和改善型生活需求的完善类，还有以公共服务设施配套建设及其智慧化改造为主要内容的提升类。这就需要职能部门加强与居民之间的沟通，让具体确定的改造项目真正满足居民需要。

建立良好沟通机制，充分听取广大居民的意见，把老百姓最“急难愁盼”的需求放在前面，有利于赢得更多支持，老旧小区改造推进将更顺畅，居民满意度也会更高。

老旧小区改造不仅要改“面子”，也要改好“里子”，通过对现有设施的修补完善，切实提升老百姓的生活质量。如果老旧小区改造只是“穿靴戴帽”，仅靠刷外墙，徒有光鲜亮丽的“面子”，就会背离改造初衷。杜绝政绩工程、形象工程，改好“里子”，积极提升小区内的基础设施和生活服务设施，让居民享受到居住条件改善和生活便利，赢得居民点赞，才是最大的政绩。

老旧小区改造，质量过硬是关键。国务院督查组近日通报的典型问题中，“城镇老旧小区改造质量差、回迁难”位列其中，北京市某小区“47 栋楼 573 户完成屋面防水改造、外窗更换，其中有 36 栋楼外墙受损、45 户外窗及屋面漏雨”就是其中一个典型案例。老旧小区改造是重要的民生工程，关乎居民切身利益，应避免类似质量问题再度发生。建议有关部门和地方政府完善改造标准，加大监督力度，把这一好事办实办好。

老旧小区的维护和管理也需要广大居民积极参与。社区优化“三分靠建设，七分靠管理”。如果改造仅有硬件更新，没有良好管理，“一年新、二年旧、三年回老路”。因此，应该引导小区居民积极参与老旧小区改造的监督和后续管理，评价和反馈小区改造效果。越来越多人将身边事视作自家事，建设美好家园的内生动力就会更强。

如果改什么、怎么改、怎么管有了广大居民的参与，老旧小区改造“改善居民居住条件，构建‘纵向到底、横向到边、共建共治共享’的社区治理体系，让人民群众生活更方便、更舒心、更美好”的目标将会更好实现。

（刊发于2021年11月24日产经版）

房地产市场健康发展态势不会改变

当前，我国房地产市场出现降温态势，土地市场观望情绪也较浓厚。个别房地产企业遇到经营困难，出现资金链紧张等情况。国家统计局数据显示：房地产开发投资增速收窄；商品房销售面积和销售额有所下降；土地市场成交量下降；70 个大中城市中，新房以及二手房价格环比下降的城市持续增多。

一年多来，有关部门实施重点房地产企业资金监测和融资管理的“三线四档”规则以及银行业金融机构房地产贷款集中管理制度，这些金融调控措施对市场产生较大作用，房企降杠杆、降负债的成效显著。

尽管当前市场遇冷，但应该看到，我国房地产市场风险总体可控，房地产市场健康发展的整体态势不会改变。近期我国房地产市场及相关金融市场的波动，是市场主体在个别企业违约事件出现之后的应激反应。在金融管理部门的预期引导下，金融机构和金融市场风险偏好过度收缩的行为正在矫正，融资行为和金融市场价格正逐步恢复正常。房地产领域合理的资金需求能够得到满足。银保监会的数据显示，10 月末，银行业金融机构房地产贷款同比增长 8.2%，整体保持稳定。个人住房贷款中 90% 以上用于支持首套房，投向住房租赁市场的贷款同比增长 61.5%。

房地产行业降杠杆、降负债的过程中，可能出现短期阵痛。对于企业而言，降负债、降杠杆有利于改变过去盲目扩张行为，有助于挤出金融泡沫，为未来稳健发展打下基础，对着眼长远发展的企业有利。因此，避免高杠杆、高负债不仅是房企当前的重要任务，还应该长期坚持，不能因为短期环境变化，又重回盲目扩张的老路。

房地产金融政策对于房地产市场的影响较为显著，从近期主管部门的表态看，我国房地产市场的金融政策仍将以稳为主。央行表示，要维护房地产市场平稳健康发展。此外，要坚持稳健的货币政策，做好跨周期设计，统筹考虑今明两年政策衔接，更好支持消费投资恢复，抑制价格过快上涨，促进经济社会高质量发展。银保监会强调，要稳地价、稳房价、稳预期，遏制房地产金融化泡沫化倾向，健全房地产调控长效机制，促进房地产业稳定健康发展。

可以预计，房企靠高杠杆、高负债实现高利润的阶段恐将不再。与其不断猜测政策什么时候出，会怎么出，不如潜心研究客户需求，打造优质产品，提升精细服务。正如一位知名房企负责人所说，“围绕城市同步发展，围绕客户同步发展，我们仍有巨大机会”。管理红利时代已经到来，房企需要不断提升管理、运营、服务能力。紧跟国家未来发展规划，房企完全能在城市更新、老旧小区改造、住房租赁、物业管理、社区养老等方面赢得更多发展。

促进住房消费健康发展将成为“十四五”时期的一项重要任务。合理、健康的居住需求和消费可以得到满足，住房供应体系也将更加完善。比如，在人口净流入的大城市重点发展保障性租赁住房，以缓解新市民、青年人的住房困难，解决大城市住房突出问题。同时，住房供应要与人口数量紧密挂钩，人口集中的地方应扩大住房供给，人口流出的地方则应适当减少供给。

展望未来，我国将继续坚持房子是用来住的、不是用来炒的定位，因城施策、分类指导，着力稳地价、稳房价、稳预期，落实房地产市场长效机制，顺应居民高品质住房需求，更好解决居民住房问题，促进房地产行业平稳健康发展和良性循环。

（刊发于 2021 年 12 月 1 日产经版）

严控支持实体经济贷款违规入楼市

中共中央政治局12月6日召开会议，分析研究2022年经济工作。此次会议强调，“要推进保障性住房建设，支持商品房市场更好满足购房者的合理住房需求，促进房地产业健康发展和良性循环”。住房问题事关千家万户，房地产市场发展变化对金融稳定和宏观经济平稳运行有着至关重要的影响。此次会议关于住房问题的部署为下一步我国推进住房保障和促进房地产市场平稳健康发展进一步指明了方向。

推进保障性住房建设是持续改善民生的重要内容，有助于加快补齐住房租赁短板，提升民众获得感。我国住房保障体系已经完成顶层设计，主体包括公租房、保障性租赁住房、共有产权住房。其中，重在解决大城市住房突出问题，缓解新市民、青年人住房困难的保障性租赁住房是新发展阶段保障性住房工作的重中之重。2021年，全国40个城市计划筹集保障性租赁住房93.6万套，截至10月底，全年任务已经完成82.2%。从多地公布的“十四五”住房发展规划看，保障性住房特别是保障性租赁住房建设将持续推进。对于地方政府而言，应切实把保障性住房建设的相关支持政策落实到位，让广大住房保障居民住得进，更住得好。

今后，将更好满足购房者的合理住房需求。今年以来，我国对银行业金融机构实施房地产贷款集中度管理，分档设置了房地产贷款余额占比和个人住房贷款余额占比两个上限，对超过上限的金融机构设置过渡期，并建立区域差别化调节机制，目的在于避免商业银行将过大比例的信贷集中在房地产领域，通俗地讲就是不把鸡蛋装在同一个篮子里。这项管理举措取得积极成效，银行业金融机构房地产贷款、个人住房贷款集中度稳步降低。与此同时，也有不少购房者反映，一些城市银行按揭贷款投放周期明显延长，难以满足购买首套房或者改善型住房时的合理购房需求。银保监会负责人近日表示，现阶段，要根据各地不同情况，重点满足首套房、改善型住房按揭需求。可以预计，首套房和改善型住房的按揭需求将更好得到满足。

房地产业健康发展和良性循环，有利于经济实现稳中求进。当前个别房企经营风险爆发，其重要原因是自身经营不善、盲目扩张。整个行业应从中得到警示，房地产业高杠杆、高负债、高周转的模式有巨大风险，应该摒弃。实现房地产业良性循环，应避免市场大起大落，严防企业经营风险，避免给整个宏观经济造成不利影响，要让房地产销售、购地、融资等各个环节都处于常态化运转。今年下半年以来，房地产销售市场和土地市场出现明显降温，一些企业融资、拿地、开工建设、销售回款、竣工交付等环节出现不同程度困难，相信随着房地产合理资金需求得到满足，特别是合理发放房地产开发贷款、并购贷款，房地产市场将有望实现良性循环。

中央政治局会议召开当日，中国人民银行宣布将于 12 月 15 日降准。结合当前房地产市场遇冷态势，有人就此认为房地产市场又将进入过快上行通道，这种看法未免片面。央行有关负责人表示，此次降准的目的是加强跨周期调节，优化金融机构的资金结构，提升金融服务能力，更好支持实体经济。将引导金融机构积极运用降准资金加大对实体经济特别是中小微企业的支持力度，显然，降准的重点是支持实体经济。

值得强调的是，“房子是用来住的，不是用来炒的”这一定位不会改变，仍有炒房心理的投机者应该放弃幻想。我国在2016年底首提“房住不炒”，至今一直坚定不移地落实这一定位，即便面对经济下行压力，特别是新冠疫情对经济发展的巨大冲击时，也没有动摇，未将房地产再作为短期刺激经济的手段，不走过度依赖房地产的老路。

因此，有关监管部门应继续坚持“房住不炒”定位，加大监管力度，严格控制用于支持实体经济的贷款辗转违规进入楼市。对于房地产开发企业而言，应该清醒地认识到，整个行业高杠杆、高负债的模式已经难以为继，一旦吃紧的资金链获得改善，应该用于提高产品力和维持健康良性运转，并将降杠杆、降负债、避免踩到“三条红线”作为长期坚持的原则，不应再试图盲目扩张。

（刊发于2021年12月8日产经版）

促进房地产业良性循环健康发展

冬月已至，又临岁尾。2021 年的房地产市场跌宕起伏。

上半年，房地产开发贷款、销售面积和销售额表现均十分活跃，房价在一些城市稳步抬升。转折出现在年中，“三线四档”房企融资管理规则和银行业金融机构贷款集中度管理等金融调控政策作用逐步登台，特别是个别大房企出现流动性风险作为“导火索”后，下半年市场明显降温。随着市场行情急转直下，房地产行业良性循环一定程度上被打破。

日前召开的中央经济工作会议提出，因城施策促进房地产业良性循环和健康发展，明确了房地产市场当前和今后发展的着力点。当前，部分房地产企业债务问题较为突出，房地产销售、投资、土地出让均出现放缓迹象，部分城市出现了房价下跌和购房观望情绪。特别是对于产业依赖较高的地区，房地产市场一旦过度放缓，可能触发更为复杂的风险传导链条。

房地产规模大、链条长、牵涉面广，在国民经济、全社会固定资产投资、地方财政收入、金融机构贷款总额中都占有相当高的份额，对于经济金融稳定和风险防范具有重要的系统性影响。

房地产业良性循环和健康发展该如何实现？稳定预期是重要前提。中央经济工作会议提出，加强预期引导。受个别房企出现债务危机以及当前房地产市场下行压力大等影响，许多人不看好行业未来发展。事实上，尽管当前个别房地产企业出现了较为严重的债务问题，但其仍属个案，原因是企业自身经营不善，其影响不必过分夸大，我国房地产市场总体健康发展态势不会改变，个别企业的风险并不会影响中长期房地产市场的正常融资功能。

与此同时，购房者的合理住房需求正在得到满足。中央经济工作会议提出，将支持商品房市场更好满足购房者的合理住房需求。12 月 13 日央行公布的数据显示，11 月末，个人住房贷款余额 38.1 万亿元，当月增加 4013 亿元，较 10 月多增 532 亿元。个人住房贷款余额近期增加，有利于更好满足首套和改善型住房的按揭需求。

在稳定预期的基础上，供需堵点有望突破，房地产业良性循环可期。房地产市场的降温容易向其他环节传导，当二手房交易量降低，卖旧买新的购房者减少，新房市场就可能乏人问津，而新房市场的销售直接影响企业回款，一旦资金不足，将降低企业拿地积极性，进而将降温传导到土地市场。可见，一个环节停滞，容易让整个市场“转不动”。房地产业要实现良性循环和健康发展，应着力控制房企流动性风险，避免局部风险向整个系统传递。同时，需要畅通“融资、拿地、销售、贷款、回款”等链条上的各个环节。房企融资及购房者信贷环境的改善，有助于房地产业进一步实现良性循环。

实现房地产业良性循环和健康发展，需要企业不断探索新的发展模式。过去 20 余年房地产行业高杠杆、高负债、高周转的发展模式已经难以为继；我国总体上将逐步从大拆大建的增量开发，向存量改造过渡；住房供给角度，从过去重购买、轻租赁，向租购并举转变等。这些都决定房地产企业应该顺应转变，探索新的发展模式。

在推进解决居住问题的过程中，住房租赁将发挥越来越重要的作用。中央经济工作会议提出，坚持租购并举，加快发展长租房市场。专业化、规模化的住房租赁企业是提升租赁市场专业服务的重要载体。租赁行业成本高、盈利空间窄等因素导致企业专业化、规模化发展受阻。有数据显示，我国一线城市住房租赁机构化率还不足 15%。因此，加快发展长租房市场，应加快培育专业化、规模化住房租赁企业。

实现全体人民住有所居，住房保障不能缺位。中央经济工作会议提出，推进保障性住房建设。我国住房保障体系已经完成顶层设计，主体包括公租房、保障性租赁住房、共有产权住房。其中，重在解决大城市住房突出问题，缓解新市民、青年人住房困难的保障性租赁住房将成为新发展阶段保障性住房工作的重中之重。

此次中央经济工作会议再次强调“房住不炒”，表明底线不容突破。促进房地产业良性循环和健康发展，应该以“稳字当头、稳中求进”“着力畅通国民经济循环”为出发点，而不应再抱有刺激、炒作房地产的心态。

（刊发于 2021 年 12 月 15 日产经版）

房地产市场趋势怎么看

房地产市场未来趋势是一个埋在很多人心中的问题。有人说，不少地方的房地产行业在2021年经历了艰难时刻。下半年以来，受个别房地产头部企业债务违约风险显现等因素影响，市场预期发生变化。房价下降的城市持续增多，购房者观望情绪浓厚。一些房企资金链紧张，多城市土地出现流拍。企业减员、降薪，不少从业者甚至考虑还要不要在这个行业继续发展。房地产行业还会好起来吗？回答这个问题，需要考量行业的变与不变。

什么没变？房地产支柱产业的地位没有变。根据国家统计局的数据，2020年房地产业占GDP的比重是7.2%。如果测算房地产行业对国民经济的综合影响，那么这一占比还要高得多。房地产行业是国民经济的重要组成部分，对生产、投资、消费都有着重要影响。同时，房地产业也和人民生活息息相关，关系到百姓安居、生活幸福。房地产业规模大、链条长、牵涉面广，在国民经济、全社会固定资产投资、地方财政收入、金融机构贷款总额中都占有相当高的份额，对于经济金融稳定和风险防范具有重要的系统性影响。

房地产市场的基本面没有变。住房需求依然旺盛：一看住房刚性需求。当前我国常住人口城镇化率达63.9%，仍处在快速城镇化阶段，每年城镇新增就业人口1100万以上，带来大量新增住房需求。二看住房改善性需求。2000年前建成的大量老旧住房面积小、质量差、配套不齐全，居民改善居住条件的需求比较旺盛。

上述两个“不变”表明，房地产业在国民经济中的地位和作用十分重要，实现稳字当头、稳中求进，畅通国民经济循环，需要房地产业的良性循环和健康发展。同时，我国当前的发展阶段所对应的住房需求依然能够为房地产行业未来发展起到重要的支撑作用。从这个意义上讲，房地产业需要“好起来”，也可以“好起来”。

只不过，“好起来”的内涵变了。从房地产市场化改革以来，经历过数次高低起伏的周期。当前，不同城市间的市场分化十分明显，一线热点城市仍面临房价过快上涨压力，部分城市则受人口流出、经济发展困难等多重因素影响，房地产市场下行压力有所增加，一些前期依靠高负债盲目扩张的房地产企业债务风险上升。因此，多措并举扭转当前房地产领域循环不畅问题，实现良性循环和健康发展，坚决有力处置好个别头部房企房地产项目逾期交付风险，实现“保交楼、保民生、保稳定”，成为首要任务，也是房地产市场“好起来”的基础。

面对市场分化，房地产调控应因城施策，既抑制房地产泡沫，又防止大起大落。值得关注的是，市场好起来不应再走过度依赖房地产的老路，要避免一些城市房价再进入过快上行通道。“房住不炒”的底线不容突破，炒作房地产行为不应再有。通过不断完善房地产长效机制，实现房地产业的平稳健康发展，是“好”的真正内涵。

过去形成的“高负债、高杠杆、高周转”的房地产开发经营模式不可持续。经过这一轮市场调整，暴露了不少问题，市场参与者应该更加理性，从个别房企的债务危机和流动性风险中吸取教训。

降低杠杆水平，把负债率控制在合理区间内，应该成为房企的主动选择和长期坚持。

过去20余年行业的飞速发展提供了大量住房供给，基本解决了“有没有”的问题。然而留下的质量上乘、堪称精美、高品质的商品住房仍为少数。因此，未来在住房需求依然旺盛的背景之下，不仅要解决好数量问题，更需要进一步解决“好不好”的问题。形势变化使企业需要认真思考未来之路，从追求规模向更注重品质转变，顺应绿色发展和数字化提升等方向，从提供千篇一律的商品住房向租赁住房、城市更新和老旧小区改造、适老化住房等方向转变，都可能成为企业的新选择，这也将为行业高质量发展提供更广阔的空间。

近期，有关金融主管部门提出“更好满足购房者合理住房需求”“做好重点房地产企业风险处置项目并购金融服务”等举措，针对房地产行业的政策暖风可谓频吹。尽管从业者、购房者、供应商、金融机构等各方主体重拾信心可能尚需时日，但是随着政策逐步落地，房地产长效机制建设逐步完善，房地产行业的良性循环和健康发展定可实现。

（刊发于2021年12月29日产经版）

一梯难倒老旧小区改造

老旧小区加装电梯是居民热切期盼，但实际执行起来却困难重重的一件事。2020 年 7 月出台的国务院办公厅《关于全面推进城镇老旧小区改造工作的指导意见》提出，到“十四五”期末，结合各地实际，力争基本完成对 2000 年底前建成并需改造的城镇老旧小区的改造任务。统计数据表明，我国 2000 年以前建成的老旧小区有近 17 万个，加装电梯需求大。一些兴建于 20 世纪八九十年代甚至更为久远的老旧小区，楼层多在五层至六层。居住在这些小区较高楼层且年长的居民对于加装电梯有强烈需求。然而老旧小区加装电梯面临众多十分复杂的情况，近年来能够顺利加装电梯的小区还是少数。比如某加装电梯工作室统计，仅上海地区，近年来就接到了几百个咨询案例，而真正完成施工并交付使用的比例不足申请总量的 3%。

具体面临哪些难处？

其一，意见难统一。往往住在高楼层的居民愿望强烈，住在低楼层、地下室的居民由于加装电梯后受益不大，甚至将面临更多采光、噪声等问题，于是持反对态度。高低楼层的居民意见很难达成一致。

其二，资金来源难。一部电梯通常几十万元，一层和地下室居民往往不参与出资，分摊到其他住户的加装费用有时达五六万元，尽管很多城市会有政府补贴，但对于很多老旧小区居民来说仍是不小的负担。

其三，费用分摊难达成共识。电梯安装后，还有日常运行和保养维修费用，这些资金该谁出，又怎么进行分摊，也需要居民反复协商决定，每一户居民都有各自诉求。

总体而言，老旧小区加装电梯有利于居民生活的便利，以及整个小区居住品质的提升。加装电梯要在多方之间寻求利益平衡点和最大公约数，实现广大居民的总体利益最大化。

加装电梯起决定作用的是整个单元内业主的意志。小区居民作为加装电梯的申请人，可以委托业主委员会、老旧小区住宅原产权单位、建设单位、物业服务人等作为受托人，推进加装电梯工作。受托人应该积极沟通协调，推动业主们友好协商，处理好相邻关系。避免支持加装的业主不顾反对强装，反对的业主对加装实施强力阻挠等不和谐状况出现。

根据《民法典》第二百七十八条的规定，业主共同决定事项，应当由专有部分面积占比三分之二以上的业主且人数占比三分之二以上的业主参与表决。小区加装电梯属于“改建、重建建筑物及其附属设施”，而决定“改建、重建建筑物及其附属设施”事项，应当经参与表决专有部分面积四分之三以上的业主，且参与表决人数四分之三以上的业主同意。从一些城市的实践经验看，征求上述“双三分之二，双四分之三”业主同意后再进行加装比较合理。

加装电梯的资金来源应该更加多元化。本着谁受益谁出资的原则，资金主要来源应该是需要加装电梯的业主。根据一些地方经验，地方财政对于老旧小区加装电梯给予一定财政补贴。比如北京市在

2019年曾明确，“加装电梯市级财政补贴每部最高64万元，各区结合实际制定补助政策，其余资金由企业、个人承担”。为了拓宽资金渠道，可以允许出资加装电梯中缴存住房公积金的业主，提取住房公积金用于支付加装电梯个人分摊费用。此外，还可以按照相关规定申请使用住宅专项维修资金用于加装电梯。

分摊建设和管理资金应该更加科学合理，并探索多种模式。业主可以根据所在楼层、面积等因素分摊加装电梯资金。通常认为比较合理的状况是，高楼层居民得利较多，应多分摊。一层和地下室居民如果在采光、噪声方面的确有相应损失，可以获得一定补偿。中楼层得利少些，可以少分摊。加装电梯还可以和小区停车位等问题一起捆绑解决，对于低楼层用不上电梯的居民可以给予停车位使用上的便利或者费用减免作为补偿。

一些城市除了业主自筹自建、产权单位出资之外，还探索一种代建租赁的模式，第三方作为实施主体负责出资加装电梯和后续维护，业主乘坐刷卡付费或者按期付费，不需要居民的前期投入。此外，在当前很多老旧小区引入社会力量对小区全面改造的背景下，社区运营企业可以联合物业企业，将电梯广告收入、盘活小区闲散空间获得的租金收入、停车费、物业费等作为综合收入来源。进而将加装电梯、小区环境修缮翻新、水电路气改造等费用一并整体考虑，有利于形成老旧小区改造的良性循环以及实现可持续发展。

（刊发于2022年1月12日产经版）

我们离完整居住社区有多远

新冠疫情的出现以及防控工作的推进，让我们更加体会到居住社区的重要性。一个完善的居住社区，能够在防控疫情中发挥“稳压器”作用。居住社区该如何完善和管理？住房和城乡建设部近日出台的《完整居住社区建设指南》(下称《指南》)为完整居住社区建设指明方向。早在2020年，住房和城乡建设部、教育部、工业和信息化部等13个部门就联合发布《关于开展城市居住社区建设补短板行动的意见》，提出到2025年，基本补齐既有居住社区设施短板，新建居住社区同步配建各类设施，城市居住社区环境明显改善，共建共治共享机制不断健全，全国地级及以上城市完整居住社区覆盖率显著提升。这意味着在“十四五”时期，完整居住社区建设有望给广大社区居民带来更优质的社区生活体验。

《指南》对完整居住社区建设具体要求共涵盖六大类20项，在居民适宜步行范围内，也就是5分钟至10分钟内，应包括一个社区综合服务站、一个幼儿园、一个托儿所、一个老年服务站和一个社区卫生服务站；一个综合超市、多个邮件和快递寄递服务设施以及其他便民商业网点；水、电、路、气、热、信等设施、停车及充电设施、慢行系统、无障碍设施和环境卫生设施；公共活动场地和公共绿地；物业管理全覆盖，应包括物业服务和物业管理服务平台；

社区管理机制健全，应包括管理机制、综合管理服务和社区文化。

“完整居住社区”是我国国家最高科学技术奖获得者、中国工程院和中国科学院两院院士吴良镛提出的。他认为：“社区不仅包括住房问题，还包括服务、治安、卫生、教育、对内对外交通、娱乐、文化、公园等多方面因素，既包括硬件又包括软件，内涵非常丰富，应是一个‘完整社区’的概念。”

中国城市规划设计研究院的一次网上调查显示，社区教育设施、便民商业设施和户外活动场地是社区居民认为最重要的三项基本生活服务设施。“努力实现全体居民住有所居”，不仅需要住得进，更应该住得好。据研究，我国城市居民平均约 75% 的时间在居住社区中度过，到 2035 年，我国有约 70% 人口生活在居住社区。随着人们生活水平的提升，广大人民群众对居住社区建设发展，享受更完善的基本公共服务，更便利的居住生活，提升居住品质都有更高期待。《指南》重点从保障社区老年人、儿童的基本生活出发，提出配套养老、托幼等基本生活服务设施的标准，促进公共服务的均等化，提升人民群众的幸福感和获得感。

推进完整居住社区建设有其必要性和紧迫性。当前，我国居住社区仍存在规模不合理、设施不完善、公共活动空间不足、物业管理覆盖面不高、管理机制不健全等突出问题。并且，我国已经进入城镇化发展的中后期，城市建设从大规模、高速度的粗放型发展阶段进入关注城市人居环境品质、补齐居住社区建设短板、建立健全治理机制的精细化发展阶段，城市开发建设方式也转向存量提质改造和增量结构调整并重。无论是新建小区还是老旧小区，都应大力推进完整居住社区建设。

推进完整居住社区建设，可以发挥社会力量的作用。从一些城市的实践经验看，完整居住社区建设既发挥政府在设施建设、基本服务中的兜底作用，也积极引入社会资本参与居住社区配套设施建设及运营、小区物业管理及社区综合服务，推动建设、管理、服务一体化、可持续化。

推进完整居住社区建设，需要促进绿色发展和鼓励智慧创新。创建绿色社区不仅应该推进社区基础设施绿色化，如采用节能照明、节水器具等绿色产品、材料，还应促进居民形成绿色生活方式。

智慧社区建设大有可为，利用物联网、云计算、大数据等新一代信息技术，融合社区场景下的人、事、地、物、情、组织等多种数据资源，能够有效提升社区管理与服务的科学化、智能化、精细化水平。

推进完整居住社区建设，不仅需要补齐设施建设短板，更应该补齐服务和管理短板。在补齐设施短板的基础上增强服务和管理，才能从根本上提升社区的综合品质。在此基础上，应该培育积极向上的邻里风尚，建立具有共同精神的社区文化，提高社区归属感、认同感、自豪感。

以安全健康、设施完整和管理有序为目标的完整居住社区建设，要下足“绣花功夫”，走集约型、绿色智慧化的高质量发展路子，适宜小规模、渐进式推进。

（刊发于 2022 年 1 月 19 日产经版）

老旧小区改造要“面子”更要“里子”

住房和城乡建设部最新数据显示：2021 年全国实际新开工改造城镇老旧小区 5.56 万个。2021 年《政府工作报告》提出，新开工改造城镇老旧小区 5.3 万个。这意味着 2021 年我国超额完成了老旧小区改造的年度计划。具体到各个省份，除了西藏自治区未完成年度目标外，其余省、自治区、直辖市以及新疆生产建设兵团，老旧小区改造数量均持平或超过年度计划。四川实际开工改造老旧小区数量达 6254 个，居全国之首。河南、陕西、湖南、山东、河北、云南等省份老旧小区改造数量超过 3000 个。这份数据表明，我国城镇老旧小区改造已进入稳步推进阶段，广大老旧小区居民“急难愁盼”的问题正在得到解决。

老旧小区改造是一项重大民生工程，应该持之以恒加快推进。“十四五”开局之年有了良好开头，但仍有不少老旧小区亟待改造。即便在首都北京二环以内核心区域，还有不少老旧小区面临环境脏乱差、停车难、老年人上下楼不方便等问题。这样的居住条件和生活环境与居民对美好生活的期待有很大差距，与城市发展成果应惠及广大百姓的要求有很大差距。值得期待的是，按照规划，未来几年全国还将有大量老旧小区纳入改造范围。不久前，住房和城乡建设部有关负责人表示，“十四五”期间，将基本完成 2000 年底前建成的、约 21.9 万个城镇老旧小区的改造任务。

老旧小区改造不能一味追求数量。对于地方政府而言，应科学合理确定改造计划，提前谋划改造项目，统筹安排改造时序。确定年度改造计划应从当地实际出发，摸清老旧小区底数，尽力而为、量力而行，不层层下指标，不搞“一刀切”。不落掉环境确实不好、改造意愿确实强烈的老旧小区，也不应为了“数量更大”“数据更好看”，将不符合当地城镇老旧小区改造对象范围条件的小区纳入改造计划。在确定改造计划时，应结合当地资金筹措能力、组织实施能力，坚决防止财政资金大包大揽，坚决防止盲目举债铺摊子、增加政府隐性债务。

老旧小区改造应找准目标，对于群众改造意愿强烈的内容应改尽改。老旧小区改造既包括老旧管线等市政配套基础设施等基础类改造，也包括停车、加装电梯等完善类改造，以及体育健身、养老、托育等提升类改造。在这三类改造中，改什么、怎么改，都应以尊重小区群众的意愿为重要前提，让居民“说了算”。应该对设施短板、安全隐患、可利用存量资源等开展摸排，区分轻重缓急，在改造中有针对性地配建居民最需要的养老、托育、助餐、停车、体育健身等各类设施，加强适老及适儿化改造、无障碍设施建设，解决好“一老一小”方面难题。同时，小区改造方案应经法定比例以上居民表决同意，居民应该参与改造方案制定、配合施工、参与过程监督和后续管理、评价与反馈小区改造效果。

老旧小区改造应该既重“面子”，更重“里子”。在当前的老旧小区改造中，存在群众迫切需要的没改，反而添置了一些华而不实的设施，浪费人力物力的情况。还有一些改造仅仅是刷刷外墙，表面功夫大于实际用途。老旧小区改造应切实解决广大居民最急迫的问题，既应该适度超前，又不能脱离需求，避免浪费。同时，老旧小区改造也须把好质量关，不能让一些改造项目因为质量欠缺，没过几年又需要重新修缮。应完善质量安全事中事后监管机制，压实建设单位、设计单位、施工单位、监理单位等参建单位质量安全责任。

老旧小区改造还应破解社会力量进入的难题。吸引社会力量进入老旧小区改造领域能够有效弥补财政投入不足，同时也能带动企业实现发展壮大。地方政府应主动吸引培育各类专业机构等社会力量，全链条参与改造项目策划、设计、融资、建设、运营、管理。同时支持运营主体以市场化运作方式，充分挖掘运营社区服务等改造项目收益点，通过项目后续长期运营收入平衡改造投入，实现可持续。在实践当中，有一些企业积极参与老旧小区改造取得了成功经验。比如，北京市将“劲松模式”“首开经验”写进了“十四五”规划，要求持续推进老旧小区、危旧楼房、棚户区改造，引入社会资本参与。

老旧小区改造是城市更新的重要内容。实施城市更新行动，要由过去大规模增量建设转向存量提质改造和增量结构调整并重。老旧小区存量提质改造既应有量的保证，更应有质的提升。

（刊发于2022年1月26日产经版）

商业地产仍有潜力可挖

理发师陈志南跟朋友合伙在北京三里屯SOHO开理发店已经七八年了。身处三里屯这个著名的潮流之地，他不仅是时尚潮流的追随者和创造者，也亲历了这个大型商业综合体租金的起落。他周围的店铺以小面积为主，经营种类繁多，除了理发店，还有美甲店、修眉店、宠物店、服装店、奶茶店、小型超市等。理发店周边的租客已经换过很多，时常有空置店铺。对陈志南来说，房租是最主要的支出，再加上人工、水电等费用，成本不低。

在电商冲击下，一边是租金带来的高成本，再加上疫情影响，不难想象实体店铺经营者们的压力。位于北京宣武门的一家百货商场几年前曾繁盛一时，名牌店铺和专柜林立，如今已经冷冷清清。

仍有不少实体商业人气很旺。特别是到了节假日，地下停车竟然一位难求。尽管外卖让在家吃饭越来越便利，每到饭点，在餐厅外面等位的食客仍然排队。互联网技术给实体商业带来的当然不完全是冲击，还有各种自主操作的便利和趣味。有了互联网，人们能在家中享受各种便捷，但实体商业带来的体验不可或缺，这成就了大型商业综合体的繁荣。

租金涨跌在一定程度上反映商业地产的景气程度，从数据上看，购物中心的表现好过商业街。根据中国房地产指数系统商铺租金指数对全国重点城市主要商业街和典型购物中心商铺租赁样本的调查数据，2021 年下半年，我国主要商业街商铺租金水平整体继续下跌，且跌幅较上半年有所扩大；重点商圈（购物中心）商铺租金水平整体继续回升，涨幅与上半年基本持平。

一二线城市众多购物中心新开业和奢侈品商场的开业，都彰显了商业地产的发展潜力。有关数据显示，2021 年我国个人奢侈品市场实现 36% 增长，总额逾 4700 亿元人民币。知名奢侈品商店 SKP 分别于 2021 年 5 月宣布落户武汉以及 12 月在杭州举行开工仪式。从长远看，促进消费、扩大内需是我国推动经济高质量发展的长期战略，商业地产蕴含巨大发展空间。2021 年，商务部提出，用 5 年至 10 年时间，培育建设若干具有全球影响力、竞争力、美誉度的国际消费中心城市。

对于很多大城市而言，在新增商业地产项目有限的背景下，以存量化改造为主要内容的城市更新也将助商业地产发展一臂之力。北京市提出鼓励传统商圈围绕产业结构调整、商业业态优化、空间品质提升、营销模式创新、区域品牌塑造、管理服务精细、开放水平提高等进行全方位改造升级，到 2025 年，完成 22 个商圈改造升级。

如果大型城市商业综合体更体现大而全，深入社区的小便利店则可以做到小而美。不难发现，有不少知名连锁品牌开始加快社区便利店的布局。未来，在社区生活便利化程度日益提升的大趋势下，不仅是便利店，洗衣、养老、托幼等商户对于小区周边店铺的租赁需求也可能随之增多。

值得注意的是，同商品住房市场的发展一样，商业地产的发展在不同城市差异也十分明显，须根据一地人口数量和消费能力因城施策。商业地产的发展固然会对城市综合发展特别是在带动消费中发挥重要作用，而一旦脱离实际盲目上马，供给过剩，也会造成大量空置以及资源浪费。

对于大型商业综合体而言，消费需求的多样化和商业供给端的同质化，给商业地产转型升级带来了较大的压力，大型商业综合体应将消费需求掌握得更加透彻，寻求差异化发展路径。关于临街小商铺和门面房，常常有人发问，某一座城市的商铺还能买吗？商铺有强烈的投资属性，不要说在同一座城市，就是同一条街或同一个商圈，不同位置、不同朝向的商铺，在租金、人气等方面的表现都有可能完全不同。如今大家常说，一铺养三代的时代已经过去。对于仍然希望通过买商铺实现资产保值增值的投资者而言，恐怕不少人还是会送上那句老话——投资有风险，入手须谨慎。

（刊发于 2022 年 2 月 9 日产经版）

规范房地产中介服务为什么难

北京市的李女士最近很郁闷。她在春节前通过中介服务机构购买一套西城区二手住宅，在与房东进行价格谈判之前，中介服务人员和她介绍了同小区类似房源的历史成交价格，还特别强调了一套位置临近的房源，成交价格在 720 万元。720 万元这个价格便成了李女士对周边市场行情判断一个最重要的依据，最终她看中的这套二手房以 715 万元成交。可就在签订合同后不久，李女士发现，仅仅十几天前，距离自己购买这套房子仅一个单元之隔，更具参考对比价值的一套房却是以 700 万元成交的。李女士认为，正是因为没有获取这条成交信息，导致在跟房主谈判时缺少有力砝码，她的房子买贵了。

介绍周围的市场价格帮助客户判断市场形势是中介服务人员的职责所在，可仅仅告知高成交价的一套，忽略掉低价的一套，这是否在有意抬高房价？中介服务人员回应，由于内部系统有延迟，他们当时对这套 700 万元房源的成交情况也并不了解。700 万元的房源同是在这家中介成交，这样的回答难以令人信服。李女士感到失望，她选择的是北京市场上门店数量最多、市场占有率最高、中介服务费也最高的中介服务机构，就是认为大品牌会有高质量服务，显然，她想错了。

像李女士这样，在二手房买卖或者租房过程中，由于中介的不规范行为与中介产生摩擦的情况很多人都遇到过。不可否认，近年来，中介服务行业取得了长足发展，但总体而言，中介行业服务不规范的情况仍大量存在，消费者对于中介服务机构的投诉量总是居高不下。发布虚假房源信息、吃差价、捏造散布不实信息扰乱市场秩序、哄抬房价等情况常常让人十分苦恼。

规范中介服务是广大购房者和租房者长久以来的呼声，但当前仍难做到。业内人士分析，在我国，房地产中介行业入职门槛较低，平均从业年限仅 8 个月，很多中介服务机构并没有发展长期客户的打算，一锤子买卖让成交直接变成断交。个别经纪人小半年才能促成一套房成交，好不容易有个客户，便想尽各种办法“大捞一笔”，于是各种不规范行为冒头。还有一些中介服务机构最重要的工作并不是研究市场和相关政策，以及深耕房源信息，或者培养更为专业的经纪人，而是通过大量招聘中介业务员，希望通过人海战术实现盈利，少数几个业务员促成成交，便可以覆盖大量的人力成本。

中介行业如何规范发展？目前主要是通过行政部门的规范整顿以及行业自律。规范整顿常常是一阵风，风头过后，再卷土重来。有关部门和地方在加大整治力度上也在努力，从 2021 年开始，住房和城乡建设部等八部门持续整治规范房地产秩序，提出力争用 3 年左右时间，实现房地产秩序明显好转。各地依法采取的警示约谈、吊销营业执照和资质资格证书、停业整顿等举措对行业不规范行为形成震慑。

在此基础上，从长远来看，中介服务行业的规范发展呼唤更为积极有效的措施。根本上，还是应该通过立法以及完善体制机制对行业发展形成更有力约束。对房地产经纪行业实施专门立法呼声较高。我国现有的《房地产经纪管理办法》是规范行业发展的主要依据，但是也有不少业内人士认为，这个管理办法立法层级不够。应该进一步通过立法明确经纪机构和从业人员的权利义务、禁止行为和法律责任。

同时，可以借鉴一些国家的先进管理经验，建立房地产经纪行业准入制度，让经纪人持证上岗。就像我们驾驶车辆需要考取驾照，违反交通规则要缴纳罚款，严重违法需要重新考试一样。如果实施持证上岗制度，房地产经纪人需要具备详尽的专业知识，当实施违规行为时，可能需要接受处罚甚至终身不能重新持证上岗。

此外，还可以推广实施单边代理制度。目前我国房地产中介实施的是“双边代理”，即房地产中介服务于买卖双方，“一手托两家”既应该替卖家把房子卖高价，也应该替买家争取最低价。将这两个目的集于一身本身就是矛盾的。而国际上通行的“单边代理”，经纪人只服务于买或卖一方，帮助委托人一方实现利益最大化。双边代理模式下，容易造成经纪人明知道买房或者卖房在交易方面有瑕疵，却强行促成交易拿佣金。单边代理是更为科学合理的模式。

（刊发于 2022 年 2 月 16 日产经版）

保障性租赁住房保量更要保质

新市民、青年人对保障性租赁住房充满期待，不断加大的建设和筹集力度较好地回应了这份期待。在近日国新办举行的住房和城乡建设部新闻发布会上，关于保障性租赁住房的两组数据令人欣喜。

一是建设筹集数量——住房和城乡建设部部长王蒙徽宣布，希望2022年建设筹集保障性租赁住房240万套（间）。二是占比——“十四五”期间，北京、上海、广州、深圳等重点城市都提高了新增保障性租赁住房的占比，普遍占新增住房供应量的40%至45%。

更大规模的保障性租赁住房供给让“租购并举”解决居住问题日益行之有效，有助于让住房租赁成为年轻人乐意主动选择、欣然接受的居住方式。不难发现，2022年的目标任务240万套（间）远超2021年94.2万套的筹集建设总量，是2021年的1.5倍。这表明，保障性租赁住房在我国的发展正在提速。按照计划，“十四五”期间，40个重点城市计划新增保障性租赁住房650万套（间），预计可解决1300万人的住房困难。如果2022年的任务如期完成，“十四五”前两年筹集建设保障性租赁住房数量就将完成整个“十四五”任务的一半。

过去，我国住房市场“售卖一条腿长，租赁一条腿短”。租赁住房供应不足，发展不规范。被迫搬家、与房东发生各种纠纷、长租公寓爆雷跑路……提起租房，年轻人很是头疼。如今，小户型、低租金保障性租赁住房的推广，有助于让新市民、青年人更普遍地以租赁方式解决初到大城市的居住问题。保障性租赁住房是政府主导，吸引社会力量参与，是稳定可靠的租赁型住房种类，能够对年轻人形成较大吸引力。保障性租赁住房的大力发展也将在一定程度上淡化居住必须尽早买房的传统观念，减轻年轻人的压力。广大新市民、青年人可以从租房开始，等到经济实力允许再购买共有产权住房以及普通商品住房。

“十四五”时期，北上广深等一线城市保障性租赁住房的供给占新增住房供应量的比例将达近一半，展现了保障性租赁住房强大的供给力度。有人不禁会问，大城市的土地本就相应紧张，再供给这么多租赁型住房，会不会挤占商品房的空间从而造成商品房供给不足，进一步抬高房价？

事实上，保障性租赁住房不仅不会造成商品房供应紧张，还将缓解房价上涨压力。用于保障性租赁住房的土地主要有 5 个来源，即农村集体经营性建设用地、企事业单位自有闲置土地、产业园区配套用地、存量闲置房屋和新供应土地。据统计，利用存量土地和房屋建设的保障性租赁住房达到了 70%。也就是说，保障性租赁住房主要利用现有的存量土地和存量房屋建设，不影响新出让土地。

同时，房地产市场提供的商品住房一般都面积较大，保障性租赁住房新增的小户型房源与商品房市场供给能够形成差异化，可以优化城市住房供应结构。保障性租赁住房为新市民、青年人等群体通过租赁方式解决住房困难问题提供渠道，将有助于整个房地产市场预期的稳定，购房需求将合理释放，房价上涨压力将随之缓解，从而为房地产市场平稳健康发展提供有力支撑。

保障性租赁住房筹集建设规模提速，离不开强有力的政策支持。不久前，银保监会、住房和城乡建设部联合发出《关于银行保险机构支持保障性租赁住房发展的指导意见》，要求各地构建多层次、广覆盖、风险可控、业务可持续的保障性租赁住房金融服务体系。资金支持力度的加大将进一步助推保障性租赁住房发展行稳致远。

值得注意的是，保障性租赁住房不仅数量增加，质量也需更过硬。一方面，应更加科学合理确定选址，更好实现职住平衡。应该更加细致地对新市民、青年人的需求进行分析研判，在城市的哪些区域需求量更大，就在哪些区域加大供给，尽量避免一些区域因供给过剩乏人问津，而另一些区域却难以满足需求的情况发生。另一方面，应高度重视保障性租赁住房的建设和改造质量。不能因为其是保障性住房以及是租赁类型的住房，建设改造标准就降低。在防水、防噪、设备管线设置合理、确保室内空气健康等方面，均应按照相关要求切实保障，让广大新市民、青年人住得进，更住得好。

（刊发于 2022 年 3 月 2 日产经版）

商品房何时以套内使用面积交易

近些年，每到全国两会召开之时，总有不少代表委员呼吁购买商品住宅时应“取消公摊”的问题。今年两会期间，“取消公摊”再登热搜。

目前，我国住宅面积计算方式主要采用建筑面积或套内建筑面积，一般说来，建筑面积和实际使用面积之差就是所谓的“公摊”。现实情况中，“公摊太大，得房率低，不清楚公摊面积的构成”让购房者感到纠结；公摊面积缺少标准，管理混乱，也可能让购房者利益受损。让公摊面积更透明，以套内使用面积交易等呼声日益增高。

其实，商品住宅的入户厅、电梯、楼梯间等势必会占去一定空间，形成公摊，一些高层带电梯的住宅公摊在20%~30%已是司空见惯。公摊面积不是越小越好，如果这些公共空间缩水，居住品质也可能随之降低。公摊面积大小，应该由开发商依据相关法律法规，根据广大居民的实际居住需求以及目标客群的定位确定。

购房者之所以对“公摊面积”积怨已久，主要不在于公摊面积的大小，而在于公摊面积不透明。尽管开发商在出售房屋时，应该按照相关要求分别标注建筑面积和实际使用面积，但购房者按照建筑面积购房，为公摊付费，由于缺乏专业知识和公摊面积计算的复杂性，很少有人能算清楚开发商告知的公摊面积是否准确，只能开发商说是多少就是多少。个别开发商将本不该计入公摊面积的人防工程地下室、保安室、管理用房等面积也计入公摊面积。于是，为公摊付的这部分购房款成了一笔糊涂账。如果公摊面积不实，不仅可能多付了购房款，未来的物业费和取暖费也都将随之多支付。应该说，当前公摊面积的计算因为不透明而缺乏公信力，信息的不对称可能让消费者权益受到损害。

不仅如此，与公摊面积相关的一些收费和收益也存在争议。比如，一些公摊面积是不供暖的，但取暖费是按照包含公摊部分的建筑面积收取；还比如，物业公司服务的是公共面积，基本不进行入户服务，可物业费还是按照建筑面积收取。不少购房者认为这些都有不合理成分。此外，公摊面积的购房款和相关费用“摊”给了业主，而在很多小区，公摊面积所产生的收益比如广告费等却为开发商或物业所有，很多并未用于广大小区居民。

该如何打破人们对公摊面积计算的不信任，让大家明白付费，放心购房？以套内使用面积进行交易，亦即不再对公摊面积支付购房款和计算取暖费等，不失为一计良策。按套内使用面积计算是国际通行做法，而我国住宅面积计算方式主要采用建筑面积或套内建筑面积。如果改为以套内使用面积进行计算，将提高我国工程建设标准与国际通行做法的一致性程度。

更为重要的是，以套内使用面积进行交易，一是解决套内建筑面积相同而住户使用面积不同的问题。由于我国地域差异大、住宅结构类型多等因素，造成住宅墙体厚度不同，导致套内建筑面积相同的情况下，套内实际可使用面积不同。二是解决住户使用面积不透明问题。按套内使用面积进行计算易于住户自行测量，实现“所见即所得”。而按建筑面积计算，在没有专业支撑的情况下难以做到。从技术角度明确按套内使用面积交易有利于消费者权益保护。

住宅建筑以套内使用面积交易能够更加公开透明，杜绝不规范，堵住漏洞。早在2019年2月，住房和城乡建设部就《住宅项目规范（征求意见稿）》向社会公开征求意见时，就曾将“住宅建筑应以套内使用面积进行交易”写入征求意见稿，当时引发社会关注。这表明，监管层高度关注以建筑面积计算和交易面临的弊端，并极有可能将“以套内使用面积进行交易”作为解决路径。

应该看到，以建筑面积交易已经是多年形成的习惯，转变为以套内使用面积交易很难一蹴而就，可以分步骤、分阶段逐步进行调整。当务之急是，堵住当前公摊面积带来的漏洞，加大监管和审核力度，对公摊面积的设计和测量标准进行统一、规范、细化，切实保障好广大购房者的利益。

（刊发于2022年3月23日产经版）

住宅适老化改造应早布局

老龄化社会正加速到来。我国老年人大多数选择居家或社区养老，形成了“9073”格局，即90%左右的老年人居家养老，7%左右的老年人依托社区支持养老，3%的老年人入住机构养老。养老和住房以及居住生活的方方面面关系都十分密切。2022年《政府工作报告》提出，再开工改造一批城镇老旧小区，推进无障碍环境建设和适老化改造。可以预计，对于房地产行业和物业行业来说，适老化将成为重要发展方向。

养老产业是一片蓝海。中国社科院发布的《中国养老产业发展白皮书》数据显示，到2030年，我国养老产业规模将达到13万亿元。未来与养老有关的行业和领域将迎来不小的发展空间。有分析认为，从长远看，人口老龄化对房地产市场会产生一定影响。年长的人总体购房意愿不如年轻人，住房总需求可能不再增加甚至有所萎缩。但是人们对适老化住房、老旧小区适老化改造，以及养老服务的需求更加旺盛。

无论是新建小区还是老旧小区，都将涉及适老化建设和改造。国务院发出的《“十四五”国家老龄事业发展和养老服务体系规划》提出，“十四五”时期，新建城区、新建居住区配套建设养老服务设施达标率要达到100%。在老小区中，完成小区路面平整、出入口和通道无障碍改造、地面防滑处理，在楼梯沿墙加装扶手，在楼层间安装挂壁式休息椅，建设凉亭、休闲座椅等适老化改造都应纳入老旧小区改造内容。

适老化建设和改造给房企带来机遇与挑战。基于广阔市场前景和政策大力支持，新建住宅和社区房企应尽早进行适老化布局，对住宅产品超前规划设计，一方面可以通过差异化增强市场竞争力和吸引力，同时也可避免日后改造带来的麻烦。针对适老化建设和改造的一些基本元素，相关部门也应出台技术导则，甚至是强制性条文，引导房地产开发企业在适老化建设改造中更加规范。相比新社区，老旧小区物业服务并不完善，而老人在老旧小区居住的比例更大，因此，老旧小区的适老化改造需求更迫切，挑战更多。房企想要在小区适老布局这一赛道上有所突破，需要在人才储备、经营模式等方面做更多努力。

与硬件改造相比，养老服务的完善和提升更为迫切，在这方面物业企业有先天优势。因此，六部委曾联合发文推动和支持物业服务企业积极探索“物业服务 + 养老服务”模式。在实际经营中，物业服务企业可以专门设立提供养老服务的团队和部门，提供助餐、助浴、助洁、助急、助行、助医、照料看护等定制养老服务。还可以将服务链条延伸，丰富养老服务内容，参与提供医养结合的服务。

其实，不少房企和物业服务企业早就布局养老领域，但盈利难等困局仍待破解。业内人士统计，规模排名前百名房企中，有约70% 进行了与养老有关的布局和探索。有的企业通过拿地建养老院，也有的以养老功能为噱头卖房。房企在探索适老化过程中，居家、社区、机构养老等多种模式都有所涉及，建成了一些医养结合型长期照护机构，打造了一批长者社区、老年公寓、照料中心等。实际上，一些养老机构空置率较高，而其实社会上养老服务的需求量很大，这就存在一个供需错配问题。按照上述“9073”格局，养老服务主阵地还在于社区和居家养老。因此，涉足养老领域有必要更深入研究社区居家养老的特点。同时，在发展养老院等机构养老模式时，可加强调研分析，找准市场定位，紧跟市场需求。

房企涉足养老领域遇到的另一个较为核心的问题是盈利周期长，甚至短期根本不盈利的问题。通过提供养老服务收回成本是一个相对漫长的过程，这对于过去习惯了高杠杆、高周转、高回报的房企而言，难免不习惯。须明确，过去房地产大拆大建模式已难以为继，完善包括养老在内的住宅功能和服务，是房企转型的重要方向，需要有足够的耐心以长周期、赚慢钱的模式深耕新的领域。

（刊发于 2022 年 3 月 30 日产经版）

房企年报爽约折射经营之困

年报季如约而至，大多数上市房企已陆续发布了 2021 年年报。众所周知，2021 年的房地产行业经历了前所未有的挑战，销售难，融资难，回款难。从众多房企年报中，不仅读到了行业的艰难现状，也读到了行业企业转型和探索新发展模式的迫切。

个别房企年报“爽约”折射企业经营之困。3 月 31 日是大多数港股房企年报披露的截止日期，一些在港上市的房企因未能如约披露年报而停牌，其中不乏知名企业如融创中国等。无法如期发布年报导致股票停牌，有可能加深投资者对这些企业公司治理、财务管理、财务规划、透明度、信息披露、财务和流动性状况薄弱的担忧。延迟披露还有可能进一步影响其信用评级，加剧融资难度等。从各企业的说明看，疫情影响是较为普遍的原因，也有企业是因为在发布年报前更换了审计师。这些未按时披露年报的企业，几乎都不同程度面临流动性困难。总体而言，年报爽约一定程度上折射出企业和行业面临的困境。

不少企业出现净利润下降。这几天，万科董事会主席因 2021 年净利润同比大幅下降 45.7% 向 52 万名股东道歉的消息引发关注。包括万科在内的一些企业虽然营业收入仍在增加，但利润出现下滑。比如中海地产营业收入同比上升 30.4%，而股东应占溢利同比下降约 8.5%。这种情况不是今年才发生，增收少增利甚至是微利，已成为近年来不少企业面临的共同状况。

不同企业间呈现差异和分化。包含个别头部企业在内的一些房企陷入债务危机且仍在化解中。有的企业营业收入和利润双双下降。但仍有企业表现不俗，如中国金茂 2021 年股东应占利润同比增长 49%。龙湖集团归属股东的净利润同比增长 20.1%。

总体而言，2021 年是房地产行业出现整体下行态势的一年。原因何在？万科集团将自身利润下滑的原因归结为两方面：管理离散度大以及多赛道探索的高成本。万科称："尽管较早意识到高速增长终将结束，行为未能坚决摆脱高增长惯性。当追逐规模仍然流行、土地争夺愈演愈烈的时候，仍有部分城市的投资追高冒进，一些项目的投资预期没有实现。"追高冒进是普遍现象。历数正在面临危机的房企，无不是在高杠杆、高负债、高风险模式下表现更为激进的企业。"三高"模式难以为继，应该是房企经历 2021 年行业下行压力后得出的最有力结论。

对于房地产行业而言，眼下最重要的是企稳。多个主管部门纷纷发声，各地因城施策，都释放出稳楼市的积极信号。更为重要的是，房地产行业的转型已经迫在眉睫。探索新的发展模式既是中央有关文件和会议的要求，也是房地产行业发展到今天必经的阶段。探索新的发展模式无疑是知易行难的，万科所称多赛道探索的高成本给经营利润带来的冲击正是体现。然而，不尽早迈出探索的一步，就难占得先机。一个例子是，龙湖集团的长租公寓业务在开展几年后终于赚钱了——2021 年冠寓开业间数已超过十万间，开始实现盈利。现在的结果，源于几年前的决定和发力；几年之后的收获，则源于今天的决定。

进入新发展阶段的房地产行业，未来长周期、赚慢钱可能会成为常态。房地产开发以外的赛道中，无论是商业、物流，还是租赁、城市更新，大都具有先期投入高、盈利慢的特点。新的发展模式并不一定是简单的赛道切换，或许还包括商业模式、经营逻辑的转变，甚至企业文化和价值观的重塑。

从一些上市房企的年报说明会上可以感受到，尽管面临与过去高速增长阶段完全不同的现状，企业仍对房地产业充满信心。业内人士认为，未来房地产市场总规模很难再创新高，但仍是一个 10 万亿元级以上的巨大市场，常做常有，常做常新。且人们对美好居住生活的需求和向往一直存在，因此房地产行业仍可视为一个“永续行业”。告别旧“三高”，房地产业进入平稳发展期后应追求的“新三高”是“高质量、高品质、高效益”。

能否走上一条内涵式高质量发展道路，处于深度调整中的房地产业要在挑战中寻找机遇。

（刊发于 2022 年 4 月 6 日产经版）

发挥稳楼市在稳大盘中作用

一段时间以来，房地产市场出现下行态势。当前，在把稳增长放在更加突出位置的背景下，应进一步发挥好稳楼市在稳定宏观经济大盘中的作用。应该采取有力措施保持房地产市场平稳运行，满足刚需和合理的改善性需求，促进房地产业良性循环和健康发展，努力稳地价、稳房价、稳预期。

房地产业在带动经济增长，稳定宏观经济基本盘方面的作用明显。数据显示，2021 年，房地产业增加值 7.76 万亿元，建筑业增加值 8 万亿元，合计占 GDP 的 14% 左右。2021 年房地产业增加值比上年增长 5.2%，拉动整体经济增长 0.4 个百分点。房地产业是支柱产业，规模大、链条长、牵涉面广，在全社会固定资产投资、地方财政收入、金融机构贷款总额中都占有相当高的份额，对上下游相关产业带动效应强，对投资和消费影响大，对经济金融稳定和风险防控具有系统性影响。

房地产市场下行趋势客观存在。国家统计局 4 月 18 日公布的数据显示，今年一季度，房地产开发投资同比增长 0.7%，商品房销售面积同比下降 13.8%，商品房销售额同比下降 22.7%。尽管房地产开发投资表现同比正增长，却依然创下了近 20 个月以来的增速新低。分地区看，东部地区和东北地区销售额和销售面积下降更为明显。1 月份至 3 月份，东部地区和东北地区销售面积分别同比下降 20.9% 和 28.8%，销售额分别同比下降 27.7% 和 33.9%。

房地产市场循环遇到一定阻力。众多城市房地产市场较为低迷，购房者观望情绪浓厚。受到疫情影响，一些群体可能面临收入下降。他们或是将购房计划搁置，即便选择购房也会在“加杠杆”使用房贷时更加谨慎，避免将来还款困难。住房销售处于低位自然影响房企回款，回款不畅、资金欠缺则可能影响企业在施工和土地市场上的投入。房地产从销售到融资再到拿地的整体链条受阻，循环不畅，是行业面临的突出问题。

当前，有必要采取积极措施畅通房地产市场循环，让房地产市场尽快恢复，重回平稳运行轨道。房地产预期稳则市场稳，稳定的预期对市场的恢复至关重要。只有对未来市场有平稳的预期，刚需和改善性需求的购房者才敢入市，只有销售上去了，房地产市场的循环方能畅通。

稳定的市场预期从何而来？出台利好市场恢复的政策必不可少。今年以来，已经有超过 70 个城市因城施策调整房地产调控举措，为市场企稳回升创造了宽松的政策环境。同时，金融环境的优化正在为供需两端提供支撑。央行降准尽管不是针对房地产行业，但合理资金需求有望得到更好支持，对于化解企业资金压力、稳定购房者对房地产和整个宏观经济预期都将有积极作用。3 月份以来，由于市场需求减弱，全国已经有 100 多个城市的银行自主下调了房贷利率，幅度在 20 个到 60 个基点不等，这有利于缓解购房者资金压力。4 月 18 日，央行、外汇管理局出台 23 条金融服务举措，其中提出将因城施策，合理确定商业性个人住房贷款的最低首付款比例、最低贷款利率要求；同时将支持房地产开发企业、建筑企业合理融资需求。

房地产市场已经呈现出一些积极因素。3 月份 70 个大中城市新建商品住宅和二手住宅价格环比下降的城市均有所减少，特别是二手住宅价格环比下降的城市减少了 12 个。随着多地适度放开限购限售，降低公积金使用门槛，加快购房贷款审批等，部分城市的住房需求有所释放，销售面积降幅有所收窄。

政策持续发力，市场企稳的大势不会改变。但多重因素叠加，市场修复过程可能会有所延长，政策效果或逐步显现。不过，随着积极满足合理住房需求，全国商品房销售下行的态势可能得到缓解。长租房市场不断完善，保障房建设加快推进，房地产市场有望逐步趋稳。

需要强调的是，促进房地产市场企稳恢复不是鼓励房价过快上涨，不能支持炒作房价。房地产市场已经告别过快上涨阶段进入平稳健康发展通道，“房住不炒”的底线不会突破。

（刊发于 2022 年 4 月 20 日产经版）

保障性租赁住房将成安心之选

近日，保障性租赁住房发行基础设施 REITs 产品取得突破性进展，深圳市人才安居集团有关项目已经报送国家发展改革委，成为全国首个正式申报的保障性租赁住房 REITs 项目，意味着金融支持保障性租赁住房的渠道进一步拓宽。

REITs 即房地产投资信托基金，是以不动产为底层资产的标准化金融产品。保障性租赁住房 REITs 有助于降低融资成本和减轻企业资金压力，通过增量资金、盘活存量土地和资产，可有效增加保障性租赁住房供给。保障性租赁住房 REITs 正式发行后，能为更多企业提供参照和模型，更好吸引社会资本参与保障性租赁住房建设，提振发展信心，同时，探索发展保障性租赁住房运作新模式，对缓解住房租赁市场结构性供给不足、推动建立租购并举住房制度有重要意义。

近日，各地还不断传出推进保障性租赁住房建设的消息。成都市 2022 年首个保障性租赁住房项目开租，这一项目位于成都高新区，房源总数 246 套，租金为周边市场平均租金的九成，均为 50 平方米左右的一室一厅户型。“十四五”期间成都计划筹集建设保障性租赁住房 30 万套。北京市今年商品住宅用地与租赁住房用地数量相当。拟供租赁住房用地的 87 宗中，近八成将用于建设保障性租赁住房。北京市近日还相继出台了《北京市关于加快发展保障性租赁住房的实施方案》和《北京市保障性租赁住房建设导则（试行）》。2022 年北京保障性租赁住房青年公寓对接工作将率先从新毕业大学生开始试点，首批 4 个青年公寓项目面向 2022 年应届毕业大学生，试点房源共 653 套近 1000 间。

这些迹象表明，我国保障性租赁住房建设正在提速。今后，国家住房保障体系以公租房、保障性租赁住房和共有产权住房为主体。作为我国住房保障体系顶层设计中三大类住房中的一类，旨在解决新市民、青年人住房困难的保障性租赁住房将成为重中之重。按照计划，“十四五”时期，40 个重点城市将新增保障性租赁住房 650 万套，预计可解决 1300 万人的住房困难。

保障性租赁住房发展将为住房消费发展提供支撑，进一步释放消费潜力。国务院办公厅近日发布《关于进一步释放消费潜力促进消费持续恢复的意见》，其中明确，扩大保障性租赁住房供给。住房消费是居民消费的重要组成部分。过去，我国房地产市场“售卖一条腿长，租赁一条腿短”。随着保障性租赁住房建设的持续推进和住房租赁市场不断完善，住房租赁消费需求将日益旺盛。大城市的高房价会让很多较早购房的青年人背负沉重资金压力，而适当、安全和负担得起的保障性租赁住房可以让他们更轻松解决居住问题，有利于释放消费潜力，扩大内需。

未来，我国房地产市场分化或日益明显，人口净流入的大城市供需矛盾仍将十分突出。租住保障性租赁住房能让初到大城市的新市民、青年人慢慢攒钱购房。因此，发展保障性租赁住房有助于稳定房地产市场预期，合理释放购房需求，缓解房价上涨压力。

从长远看，发展保障性租赁住房还须进一步从供需两端发力。

供给端，应提升多方参与保障性租赁住房建设的积极性。进一步发挥市场机制作用，引导多主体投资，多渠道供给，支持专业化规模化住房租赁企业建设和运营管理保障性租赁住房。不同于传统房地产开发，发展住房租赁往往前期投入高，回报周期长，资金回报率低。为拓宽发展保障性租赁住房的资金来源，可通过降低土地、税费成本，发挥金融支持作用等，进一步激发企业参与保障性租赁住房建设的积极性。

需求端，推进保障性租赁住房建设应进一步完善公共服务。在大城市加大保障性租赁住房供给，能够为新市民、青年人提供更为稳定、长期、可靠的租赁住房，将有利于让租房成为安心之选。租房者也应树立长住即安家的理念，形成良好的住房租赁市场环境。同时，要进一步提升保障性租赁住房的居住体验，让他们住得进去，更住得好。这不仅需要提升房屋质量，优化周边环境，更应注重完善租赁住房的配套设施，以及推进租购同权，使广大租房者能享受到更均等的公共服务资源。

（刊发于 2022 年 4 月 27 日产经版）

县城房地产发展重在科学规划

近日，中共中央办公厅、国务院办公厅印发了《关于推进以县城为重要载体的城镇化建设的意见》(下称《意见》)，县城发展将迎来难得历史机遇。

城镇化持续推进，是房地产市场发展的重要支撑。农村人口向县城迁徙，城镇之间的人口迁徙，都会引起住房需求增长。基于人民对美好居住生活的向往，对居住品质的要求也会更高。随着以县城为重要载体的城镇化建设推进，农民到县城就业安家规模不断扩大，县城居民生活品质将进一步改善。因此，县城总体保持一定的住房建设规模，是经济社会发展的客观需要。从长期看，县城房地产市场发展是有支撑条件和潜力的，将继续成为我国房地产市场的增长极。

在分类引导县城发展方向的情况下，应因地制宜制定住房发展规划。截至2021年底，我国有1472个县及394个县级市，县域发展状况千差万别。《意见》提出，科学把握功能定位，分类引导县城发展方向。五类县城分别是大城市周边县城、专业功能县城、农产品主产区县城、重点生态功能区县城、人口流失县城。人口流动状况和产业发展，是衡量一地房地产市场未来发展空间的重要指标。不同类型的县城，应该有不同的住房发展规划。例如大城市周边县城有望承接更多大城市人口和产业转移，在人口净流入情况下，应适当增加住房供给，适时构建租购并举的多层次住房供应和保障体系。而人口流失县城则应避免盲目扩张，严控城镇建设用地增量、盘活存量。

尤应注意的是，着力推进现代化县城建设，并不意味着县城将开启大拆大建、大规模上马房地产的阶段。县城建设既要防止盲目进行高密度高强度开发，又要防止摊大饼式无序蔓延。根据人口和产业状况进行科学适度的房地产开发是必要的，而过度依赖房地产的路径是走不通的。县城发展的根本在于找准功能定位，培育发展特色优势产业。县城房地产市场也要坚持“房子是用来住的，不是用来炒的”定位。近年来，个别县城出现了脱离实际过度开发房地产，从而供给过剩的情况，应谨防这种状况继续蔓延。

县城住房发展应严格落实绿色低碳建设有关要求。住房和城乡建设部等15部门《关于加强县城绿色低碳建设的意见》明确，限制县城民用建筑高度。县城新建住宅以6层为主，6层及以下住宅建筑面积占比应不低于70%。县城新建住宅最高不超过18层。确需建设18层以上居住房和城乡建设筑的，应严格充分论证，并确保消防应急、市政配套设施等建设到位。给县城住宅限高很有必要，这是基于县城民用建筑高度要与消防救援能力相匹配，以及提升居住舒适度和降低住宅维护成本等角度考量确定的。此外，还应大力发展绿色建筑，推广装配式建筑、节能门窗、绿色建材、绿色照明，全面推行绿色施工。

提升县城人居环境质量应加强历史文化保护传承，保持县城特有风貌。我国很多县城历史悠久，有的已经有2000多年历史，有丰厚的文化底蕴和建筑文化传承。改善县城人居环境，应避免千城一面。应鼓励建筑设计传承创新，促进新建建筑与原有风貌有机融合，与自然环境相和谐，使县城住宅更好体现地域特征、民族特色和时代风貌。应禁止拆真建假、以假乱真，严禁随意拆除老建筑、大规模迁移砍伐老树，严禁侵占风景名胜区内土地。

对于房地产开发企业和其他市场主体而言，应在国家推进以县城为重要载体的城镇化建设中寻找新发展机遇。除房地产开发以外，老旧小区改造、养老托育发展等都需要企业积极参与，而体制机制创新也将为广大市场主体参与县城建设提供政策保障。正如《意见》中明确，“对准公益性项目和经营性项目，提升县域综合金融服务水平，鼓励银行业金融机构特别是开发性政策性金融机构增加中长期贷款投放，支持符合条件的企业发行县城新型城镇化建设专项企业债券”，“引导社会资金参与县城建设，规范推广政府和社会资本合作模式，稳妥推进基础设施领域不动产投资信托基金试点”。

（刊发于2022年5月11日产经版）

调控政策叠加助楼市企稳

一段时间以来，我国房地产市场总体出现一定下行趋势。在把稳增长放在更加突出位置的背景下，应着力促进住房消费健康发展，发挥稳楼市在稳定宏观经济大盘中的作用。近来，有关部门完善信贷政策，各地从当地实际出发出台房地产调控举措，有望提振市场信心，带动市场回暖。

房地产市场对于信贷变化一向十分敏感。5 月 15 日，央行、银保监会联合下调首套住房贷款利率下限，新发放贷款利率降低有助于调动刚需购房者入市积极性。5 月 20 日，最新一期贷款市场报价利率（LPR）出炉，5 年期以上 LPR 为 4.45%。此次 5 年期以上 LPR 大幅下调 15 个基点，是货币政策对房地产市场的精准支持。此举将进一步降低房贷利率，降低购房成本，减轻贷款购房者负担，有助于支持刚性和改善性住房需求，有助于更好提振居民消费意愿和消费能力。同时，5 年期以上 LPR 下调还对于房企申请低成本开发贷款等有积极作用，有助于降低房企中长期融资成本和经营成本，能在一定程度上减轻企业负担，提升企业投资活跃度。

近期，各地从实际出发完善房地产政策，房地产调控政策不断优化，加速落地。调整房地产政策的城市在增多，政策力度逐渐加大，不断叠加打出“组合拳”。

不少城市缩小限购范围，或者放松、取消限购政策。限购一度是热点城市避免投机炒作行为的一项重点调控措施。一些城市曾规定以家庭为单位禁止购买第三套住房。当前这些城市的房地产市场已经出现了变化，相关部门有必要根据具体情况调整限购政策。

例如：南京、无锡、合肥、中山等城市缩小限购范围；一些三四线城市则直接取消限购。值得注意的是，放松限购尤其需要平衡稳楼市与防止投机炒作的关系。近期，有个别城市放松限购的政策出现了刚上网公布不久又迅速删除的现象。朝令不得不夕改，这从一个侧面表明，房地产调控面对的是较为复杂的市场局面，对调控政策尺度的把握考验地方政府施政水平。同时，稳楼市不能突破“房住不炒”定位，支持合理的刚性和改善性需求不代表可以过度刺激市场，调整房地产调控政策也不宜罔顾实际搞“一刀切”，应避免将房地产市场又引向过度依赖、过快增长的歧途。

一些政策的实施有助于二手房市场交易活跃。比如，无锡近日将个人住房转让增值税免征年限从5年降至2年，对“卖旧买新”提供支持。又如，一些城市放松限售，如福建三明直接取消限售，浙江金华限售时限从取得房屋产权证满3年缩短为网签满3年。两项举措均有助于激活二手房市场，释放改善性需求。

当前，楼市调控还有一个新动向，即将楼市政策与生育问题结合起来。杭州市日前发布的政策明确，对于符合条件的三孩家庭，在杭州市限购范围内限购的住房套数可增加一套。无锡提出，生育两孩及以上的居民家庭，可在限购区域新增一套购房指标。南京、沈阳、东莞、兰州等多城市放松多孩家庭限购。放松多孩家庭限购从住房角度给予多孩家庭购房便利。除此之外，各地还应对这部分家庭实现多渠道供给，在公租房、保障性租赁住房、共有产权住房的租赁和购买方面给予一定支持，努力解决好他们的居住问题。而要从根本上提升生育意愿，还应进一步降低养育和教育成本。

此外，楼市调控政策有松有紧，“因城施策”“一城一策”特征明显。在一些城市积极出台放松调控政策的同时，还有一些地方收紧了政策。如湖南省自然资源厅要求，防止人口流失县城盲目建设。对商品住房去化周期超过24个月的市县，暂停新的商品住房用地审批。

疫情在全国多点散发也给房地产市场恢复带来不小影响，随着疫情得到有效控制，将有助于楼市进一步企稳回暖。各地继续加大信贷支持力度，降首付、降房贷利率，适度优化限购、限售等政策，稳楼市举措将不断叠加发挥综合效应，房地产市场平稳健康发展可期。

（刊发于2022年5月25日产经版）

商品房预售资金监管应松紧适度

商品房预售资金是房地产开发企业的重要现金流来源。商品房预售资金监管制度旨在保障预售资金安全，确保项目顺利竣工交付，保护购房者合法权益。当前形势下，在保障资金安全和“保交楼”的基础上，有必要按照 4 月 29 日中央政治局会议要求，优化商品房预售资金监管。合理释放预售资金，提高商品房预售资金使用效率，将有助于缓解房企短期资金压力，稳定市场信心，实现行业良性循环。

商品房预售资金是指购房人按照商品房预售合同约定支付给房地产开发商的购房款，也就是购房者需要“先交钱，后收房”。房企须将预售资金按一定比例存入银行专用监管账户，只能用作本项目建设，不得随意支取、使用，且随着项目施工进度拨付。商品房预售资金监管能够对购房者资金起到保护作用。个别城市商品房预售资金监管不到位，一些房地产开发企业违规挪用预售资金，延迟交房、烂尾楼等现象时有发生，侵害了购房者合法权益。因此，规范预售资金监管势在必行。

与此同时，在把稳增长放在更加突出位置的大背景下，各地有必要从供需两端发力促进房地产市场平稳健康发展。在供给端，优化商品房预售资金监管，有助于缓解企业流动性紧张，提升房企的现金支配力。发挥预售资金对稳定活跃企业现金流的作用，是不少房企的呼声。

现实情况中，如果把预售资金卡得过紧，不利于房企有效运用资金，释放经营活力；而如果监管不到位，则可能出现烂尾楼。在“保交楼”的基础上稳定活跃房企现金流，需要针对房地产开发企业进一步优化商品房预售资金监管。当前，对于地方政府而言，在保证预售资金安全的前提下，优化监管是必要之举，应更好把握原则性和灵活性，松紧适度。

今年 2 月份，全国性商品房预售资金监管新规出台，通过招标确定监管银行、合理确定监管额度、明确各方监管责任、建立信息共享机制、确定首末拨付节点等举措，规范和完善了商品房预售资金监管。

在此基础上，近一段时间对相关政策进行调整优化的城市逐渐增多。5 月份以来，就有 10 多个城市以多项举措优化商品房预售资金监管。

有的城市适度降低监管资金比例，如海南省海口市规定，对信用良好的企业，适度降低监管重点资金的比例；江西省景德镇市将中心城区重点监管资金节点监管额度下调 20%，这有助于将更多资金释放给企业，便于企业灵活调配使用。有的城市增加重点监管资金拨付节点，如江苏省常州市将监管资金拨付节点从完成主体工程的二分之一调整为三分之一及三分之二，有助于企业更早提取拨付资金，体现了监管的精准性。有的城市允许使用银行保函替代预售监管资金，如江苏省徐州市，吉林省长春市、吉林市都规定可以采取保函替代项目资本金现金。有的城市依据企业信用评级实行差异化管控，如安徽省宿州市加强企业信用考核和应用，分类降低预售资金监管留存比例。

值得注意的是，商品房预售资金监管的底线仍是确保房地产开发项目的按时交付，更大程度维护购房者合法权益。预售资金监管规范化应使得预售资金真正实现从拿地开发到销售回款直至交房的全流程管控、全周期监管。

优化商品房预售资金监管并不是通过合理释放资金过度刺激房地产投资或消费，强化监管也不能控制或遏制房地产发展，进一步优化商品房预售资金监管，有利于促进房地产市场健康发展，使商品房预售资金的治理方式更加现代化，更符合市场规律。

（刊发于2022年6月1日产经版）

养老地产乱象该整治了

老龄化社会加速到来，养老问题广受关注，也让不少诈骗行为钻了空子。正在全国范围内开展的打击整治养老诈骗专项行动警示人们，购买住房或者与住房相关的金融产品等往往价格不菲，一旦老年人被骗，将蒙受巨大损失。因此，整治住房相关的养老诈骗，对于守护好老百姓的“养老钱”至关重要。

近日，住房和城乡建设系统启动了打击整治养老诈骗专项行动，将聚焦“商品住房销售中以养老名义进行虚假宣传等涉诈问题隐患，以及违规在城市街面张贴养老产品宣传广告的行为”两项整治任务，排查发现一批涉养老诈骗的问题线索，集中解决一批群众反映强烈的涉诈问题，整治打击一批存在诈骗苗头隐患的机构、企业。相信这一行动将在规范房地产开发项目营销，帮助老年人理性看待住房消费等方面起到积极作用。

与住房相关的养老诈骗行为近些年并不鲜见。不少老年人都遇到过在商品住房销售中以“养老”名义虚假宣传的情况，比如一些海景房打着“养老+度假+投资”的旗号骗取老年人资金。还有的商品房销售人员在新建商品住房销售中不实宣传项目养老设施、养老环境等，以“养老”名义诱骗老年人购房；有的以售后包租、返本销售、以租代售等方式，或以承诺升值、投资回报等手段诱骗老年人购房；有的代理未取得合法审批手续，以“养老地产”“养老投资”为名虚假宣传销售项目；有的在售楼场所、机构门店、互联网平台、App 软件等推广宣传渠道发布以“养老”为名的虚假房源销售信息。

各地加大对住房领域养老诈骗的整治力度，对相关违法犯罪行为形成了有力震慑。近日，上海一家养老服务机构因虚假宣传被当地市场监督管理部门处罚。这家养老服务机构的宣传资料上有“专业守护医养结合医生定期坐诊，全天候医护值班”，以及距离某高端酒店仅 3 分钟距离等宣传内容。经核查，该公司实际未提供定期医生坐诊服务，且距离酒店并不像广告中所述那样距离相近，宣传内容与实际不符。江苏省不久前也对多起养老诈骗犯罪案件宣判，犯罪手段包括通过提供“养老床位”吸引投资等。

实际上，养老产业涉及老年人居住生活的方方面面，与住房和居住服务关系密切，房地产开发企业发展养老产业有得天独厚的优势。不过，尽管有不少房地产开发企业纷纷抢滩养老领域，成功的商业模式和盈利模式还有待进一步探索和突破。

实践中，一些房地产项目位置偏远，营销人员就把其包装成养老项目，希望以养老为噱头加速销售。不少房地产开发企业把养老地产的重点放在销售上，忽视了发展养老产业的真正着力点在于长期深耕与经营，为老年人提供优质的服务。

对于房地产开发企业而言，发展养老产业可以作为探索新发展模式的尝试和方向。而想要在养老领域取得突破，转变观念必不可少。习惯了“高杠杆、高周转、高回报”的房企需要转而在较为漫长的发展过程中不断完善服务体系，提高服务质量，锻造优质养老服务核心竞争力。在此过程中，老年教育培训、文化旅游、健身休闲、金融支持，以及围绕老年人衣食住行、康复护理的服务等，都具有广阔发展前景。同时，房企进入养老领域，需要着力构建产业链，需要有更强的整合能力。

优质服务需要优质人才。人力资源成本是养老服务机构运营中的最大成本支出。专业人才缺乏是养老产业面临的突出问题。不少养老机构和家庭服务人员的学历水平不高，服务人员流动较为频繁。有关部门应加大对养老服务人员的培训力度，使服务人员的职业技能和综合素质不断满足日益增长的行业需要。

（刊发于2022年6月8日产经版）

加快补齐住房租赁短板

又到毕业季，不少高校毕业生着手租房；不少家长也在为9月份开学做准备，在中小学附近小区寻找租赁房源。在每年6月、7月、8月这三个月，都是住房租赁市场相对活跃的月份。住房租赁是住房消费的重要组成部分，对于广大租房群体而言，良好的住房租赁环境和体验是他们的期盼。住房租赁市场长期平稳健康发展，更有利于城市吸引人才、留住人才，促进城市的经济社会发展与繁荣。

随着疫情防控形势逐步向好，受到抑制的住房租赁需求得到释放，住房租赁市场有所回暖。贝壳研究院数据显示，5月份重点监测的40个城市租赁成交量环比增加17.6%。不过租金水平微跌，5月份40个城市租金环比微跌0.7%，同比微跌2.3%，仍低于2019年同期。6月份，更多高校毕业生进入住房租赁市场，租赁需求增加，预计不少城市的住房租赁市场将有所升温。

随着全年住房租赁高峰期的到来，进一步规范和发展住房租赁市场的呼声再度高涨。最近，租房的年轻人在互联网上吐槽房东较大幅度上涨租金的帖子又多了。尽管租金终究由市场供需情况决定，在当前住房租赁关系中，承租人仍处于相对弱势地位。

我国住房市场长期存在“售卖一条腿长，租赁一条腿短”，加快补齐住房租赁短板势在必行，发展保障性租赁住房是关键一招。当前，住房租赁市场房源以个人散租为主，租赁关系往往不稳定。总体上，大户型、高价位房源供大于求，小户型、低租金房源供不应求，新市民、青年人“买不起房、租不好房”的问题比较突出。保障性租赁住房旨在解决好新市民、青年人的住房问题，将成为我国住房保障体系的重中之重。保障性租赁住房由政府支持，在减税和金融政策等优惠条件下有助于降低运营成本，租金也低于市场平均水平。“十四五”期间，我国将以人口净流入的大城市为重点，加快发展保障性租赁住房。全国 40 个重点城市初步计划新增保障性租赁住房 650 万套（间）。北京、上海、广州、深圳等重点城市都提高了新增保障性租赁住房的占比，普遍占新增住房供应量的 40% 至 45%。相信随着保障性租赁住房供给的提升，可供新市民、青年人选择的长期、稳定租赁房源将大幅增多，能够更好满足他们的租住需要。

加快补齐住房租赁短板，完善长租房市场十分重要。2022 年《政府工作报告》提出，加快发展长租房市场。相对于保障性租赁住房政策性更强的特点，长租房的市场化、机构化特点更明显。近年来，我国长租房市场取得了一定发展。据中国房地产估价师与房地产经纪人学会统计，2020 年全国规模居前 100 位的住房租赁企业管理房源总数超过 400 万间，比 2018 年增长了近两倍。一批有实力、有品牌、有规模的住房租赁企业，成为住房租赁市场重要供应主体。专业化、机构化的市场运营能够为住房租赁市场提供规模化、标准化的住房租赁服务，有助于给租房者带来更多元化的租房选择和良好租住体验。尽管前期投资大，回报周期长，对于房地产企业而言，长租房市场仍不失为值得进一步探索的赛道。今后，长租房市场发展还需在企业经营服务的规范性、租赁关系的稳定性、租金价格的合理性和市场的有序性等方面进一步探索和努力。

规范住房租赁市场，保护承租人合法权益，需进一步彰显立法的作用。将于 2022 年 9 月 1 日起施行的《北京市住房租赁条例》明确，应当加强住房租赁价格监测，建立健全相关预警机制。住房租金明显上涨或者有可能明显上涨时，北京市人民政府可以采取涨价申报、限定租金或者租金涨幅等价格干预措施，稳定租金水平。北京市出台住房租赁的专门条例以规范住房租赁市场，对于租购并举解决好住房问题有重要意义，或将对其他城市起到示范和引领作用。

住房租赁在解决居住问题方面将发挥越来越重要的作用。市场机构调查显示，58% 的城市租客愿意通过租房结婚来组建“小家”，51% 的租客接受租房 5 年以上，18% 的租客愿意租房超过 10 年。对于政府部门而言，须进一步完善支持政策，助力保障性租赁住房和长租房市场发展。对于企业而言，随着住房租赁行业规模逐步扩大，将迎来更广阔的发展前景。

（刊发于 2022 年 6 月 15 日产经版）

房地产稳经济作用正在显现

今年以来，房地产市场整体下行，房地产行业发展面临胶着状态。个别房企在资金链吃紧、到期债务难以偿还的境遇中苦苦挣扎。企业拿地十分谨慎，购房者观望情绪浓厚，无论是新建住宅还是二手住宅，总体销售难言景气。面对此种状况，有关部门和各地方积极完善房地产市场长效机制，坚持“房住不炒”，持续稳房价、稳地价、稳预期，因城施策，积极推进保障房和长租房建设，推进房地产市场健康发展。近期各地加大稳定房地产市场政策措施实施力度，多措并举有效满足居民合理住房需求，加之中长期贷款利率下调，居民购房负担降低，这些都有利于房地产市场趋稳。随着各项举措的不断落实到位，房地产市场已经出现积极变化。

下行态势体现在房地产开发投资、销售等多个数据中。国家统计局数据显示，从销售情况来看，前5个月，全国商品房销售面积和销售额分别下降23.6%和31.5%，降幅比1—4月扩大2.7个和2个百分点。从建设情况来看，前5个月房屋新开工面积同比下降30.6%，降幅比1—4月扩大4.3个百分点。房地产开发投资下降4%，降幅比1—4月扩大1.3个百分点。从资金情况来看，前5个月房地产开发企业到位资金同比下降了25.8%，降幅比1—4月扩大2.2个百分点。

不过更值得关注的是，尽管前5个月多项指标与去年同期相比有较大幅度的下降，但5月当月的数据已经出现回暖迹象。如5月当月商品房销售出现今年以来首次环比正增长。预期对市场至关重要，一系列稳楼市举措出台，有助于稳定预期，市场各方主体的信心也正在恢复。如限购政策的调整能够降低入市门槛，有助于刚需和改善性需求获得购房资格。又如一些城市取消限售，有换房打算的改善性需求就此进入市场。此外，金融政策的调整优化有效促进供需两端改善资金状况——对于购房者而言，房贷利率下调能够降低购房成本；对于企业而言，融资环境的逐步改善有助于提升其投资热情。

各类城市房地产市场的基本状况不同，当前房地产调控松紧程度不一，各地因城施策灵活调整促楼市平稳健康发展。当前疫情防控形势持续向好的上海，商品房销售市场活跃度有所恢复。北京在本轮疫情前市场就逐步企稳，预计随着疫情防控形势好转，有望延续此前企稳态势。5月份，成都新建商品住宅和二手住宅价格均环比上涨0.9%，领涨纳入国家统计局统计的70个大中城市。但与此同时，相当数量的三四线城市房价仍持续下探。市场环境的差异使得房地产市场调控松紧程度也不尽相同，一线城市对于放松调控仍较为谨慎，二线城市有所分化，出台稳楼市举措的三四线城市相对较多。

不难发现，松绑调控政策的城市年初主要集中在三四线城市，至今一些二线城市也加入这一行列中。促进房地产市场平稳健康发展，仍要坚持“房住不炒”定位，在一线城市和个别二线热点城市供需矛盾仍较为明显的情况下，一旦政策放松，会有投机炒作回潮的风险。因此，在放松相关调控政策上持谨慎态度十分必要。

房地产业在带动经济增长，稳定宏观经济基本盘方面作用明显。当前稳楼市举措持续密集出台，会使得房地产市场需求不足或需求低迷的状况得到持续改善。同时，行业流动性风险也将得到很大缓解。房地产业是支柱产业，规模大、链条长、牵涉面广，在全社会固定资产投资、地方财政收入、金融机构贷款总额中都占有相当高的份额，对上下游相关产业带动效应强，对投资和消费影响大，对经济金融稳定和风险防控具有系统性影响。随着稳楼市众多举措的综合效应逐步显现，房地产市场有望进一步趋稳，相信下半年对经济稳定的作用会逐步显现。

（刊发于2022年6月22日产经版）

房票安置会实现多方共赢吗

对棚改居民以房票的方式进行安置，是近段时间以来不少城市开始实施的房地产调控举措。何为房票？棚改安置居民接受拆迁补偿时，把拆迁补偿的金额以房票的形式发放给居民，居民可以凭房票购买住房。房票并非新生事物，在前些年的棚改货币化安置中就曾出现过。今年以来，在各地积极因城施策促进房地产业良性循环和健康发展的背景下，房票安置又被多城采用。

据不完全统计，已经有 20 个以上城市今年以来开始实施房票安置。过去棚改更多采用实物安置或货币化安置两种办法，在此基础上探索实施的房票安置制度，如何实现棚改安置居民、地方政府以及房地产开发企业的多方共赢？

通过房票进行棚改安置，能够给居民带来一定便利。采用实物安置时，如果原地回迁，需要居民们暂时租房等待回迁房建好。出台房票安置举措的城市多是新建商品住宅库存较多的城市，居民可以购买现房拎包入住，省去租房的麻烦。房票安置可以满足被拆迁人更多差异化需求，拆迁后不一定再回到原来的位置居住。有的城市出台了较为灵活的房票补贴举措。比如，选择去库存难度更大的区域购房价格更优惠，或者说同等面值的房票可以购置面积更大的住房，又如，越早购房享受的优惠越多，从而鼓励安置居民尽快购房等。这些举措都能够给拆迁安置居民更多更自由的选择机会。

与直接发放安置补偿款的货币化安置相比，房票安置融合了优惠鼓励政策。比如，郑州市规定采取房票安置办法的，安置居民可获得安置补偿权益金额 8% 的奖励以及 3 个月的现金过渡费。采取货币化安置的办法，一些拆迁居民可能拿到拆迁补偿款后暂缓购房，或用作他途。对于地方政府而言，推出房票安置能够鼓励拆迁居民留在商品房市场购买新的住房，有助于去库存和稳定住房消费。与此同时，货币化安置需要一次性集中给付安置居民大量安置补偿资金，而房票安置模式下，居民购房有先有后相对分散。而且，居民凭房票购房后，开发企业再与政府结算资金。因此，相对于货币化安置，房票安置能够减轻地方政府一次性集中支付的资金压力。对于房地产开发企业而言，房子卖得快了，自然有助于实现资金回流以及企业稳健经营。

房票安置的确有助于提振购房需求，实现现房库存的去化。但是，不能忘了，改善居住条件，是棚户区居民长久以来的心愿，无论以哪种模式进行安置，都应努力确保棚改居民住得进、住得好。在房票安置的过程中，尤应注意保护拆迁安置居民的权益。

首先应该明确的是，房票安置只是选项之一，不应强制居民选择。是选择实物安置，还是选择货币化安置或者房票安置，应尽量给拆迁安置居民更多选择，由他们自主决定。

更为重要的是，不应为房票设定过多限制。比如，避免出现凭房票购房只可购买一层或者顶层等特定楼层，或者只可购买限定的少数楼盘，再或者购买住房时必须同时购买车位等。又如，不应限定持有房票的居民必须在较短的时间内尽快购房。这些情况都在过去的房票安置中在个别地区出现过。如果房票限定的购买时间太短或者限定条件太多，拆迁居民的可选范围过窄，那么可能导致安置居民好不容易盼来了改善居住条件的机会，却难以住到称心如意的房子。

因此，应合理引导安置居民选择房票安置，避免对房票设置过短的购买时限和苛刻的购买条件。对于房地产开发企业而言，需要比较及时地拿到房票结算资金，方能助其实现项目和企业的良性运转。只有这样，才能够使房票安置发挥去库存作用，促进当地房地产市场企稳以及健康发展，从而实现多方共赢。

值得关注的问题还有，从2008年开始，我国将各类棚户区改造作为城镇保障性安居工程的重要组成部分，至2018年的十年间，全国棚改累计开工3896万套，帮助1亿人“出棚进楼”。数据显示，“十三五”时期我国城镇棚户区住房改造超过2100万套。2021年，各类棚户区改造开工165万套。我国大规模的棚户区改造，特别是集中连片棚户区改造已经基本完成，棚改新开工数量已经在近年出现较为明显下降，目前进行的多为零星分散改造。当前，已经进入城市更新的新阶段，须防止大拆大建。坚持“留改拆”并举、以保留利用提升为主，在加强修缮改造的原则下，应严格控制大规模拆除。因此，在今后的棚户区改造中，确需改造的棚户区仍应继续推进拆迁改造，同时应避免为了创造更多新购房需求盲目扩大拆迁范围。

（刊发于2022年6月29日产经版）

买房还需看清大势

每年年中是房企业绩抢收的关键节点，每家企业都希望把中期业绩打扮得漂亮些。最近，房企促销推出了不少招——“你的房子值多少斤大蒜、小麦或者西瓜?”这边农作物换房的广告吸睛，那边买房送土猪还包屠宰的魔幻操作登场。

促销背后折射出当前房地产市场面临的胶着状态。卖房者拼尽全力售卖，购房者信心仍在修复。购房者考虑更多的无非是买了房子房价会不会降，房子能不能保值增值，会不会买到烂尾楼。然而房地产市场瞬息万变，谁又能保证买了房子以后房价不跌，一定能买在最低点呢?

到底买不买房，需要看清大势。我国房地产市场历经 20 余年飞速发展，已从过去的供不应求转变为如今的供需总体基本平衡。截至 2021 年底，城镇化率已达 64.72%。房地产市场总体进入平稳发展轨道，房价也随之告别过快上涨区间。随着人们对美好居住生活的不懈追求，以及城镇化进程的进一步推进，房地产市场仍有较大发展空间，还会有很多人新购住房和置换住房。不同的城市市场差异很大，人口和产业是未来对当地房价有重要影响的因素，人口净流入并且有良好产业发展基础与前景的城市，便会对房地产市场有较好支撑，反之亦然。

因此，比较理性的购房思路是，既要顺势而为，更应考虑实际需要。如果确属刚需或者有改善的客观意愿，且手头资金足够支付首付，月收入能够满足银行贷款的要求，方可考虑购房。应尽量避免超出自己实际支付能力过多的购房行为，以及投机购房。房产始终有资本属性并不假，对于很多家庭而言，住房是最大的资产。“房子是用来住的，不是用来炒的”，在住房日益回归居住属性的当下，有必要警惕购房可能带来的风险。

现实情况中，一旦房价出现下跌，或者购房者偿还银行贷款能力出现重大变化，都有可能给整个家庭带来负面影响。随着“房住不炒”定位逐步深入人心以及市场形势的变化，通过炒房获利的情况正在减少。有统计表明，近一两年来，投资投机性购房者数量呈明显下降趋势。

在住房的选择上，更须根据家庭需求进行长远考虑。有人曾总结，买房子主要看什么？地段、地段、还是地段。这想法虽显偏执，但好地段的确能带来生活的便利，也足见位置对房产价值的重要支撑作用。媒体曾报道，今年疫情平稳之后，上海出现了一波购置改善性住房的行情，三居、四居住房走俏。经历一段时间的居家生活，人们更加感受到较为宽敞的居住空间和良好的居住舒适度对于生活品质提升的重要性。最近踩踩新楼盘也不难发现，原来同样面积做成三居的商品住房产品，如今很多做成了四居。随着“三胎”生育政策放开，房间数量更多的住房可能会更实用。买房有时还要考虑置换的问题，比如不久的将来一居可能换两居或者三居，就要考虑一居将来是不是好出手。还有一些特殊情况，比如学区房，受教育政策变化影响较大，而且有的学区房年代比较久远，等几年后再出售时可能银行不再支持贷款或者贷款额度明显降低，能够接盘的人群有限，购买前尤需仔细掂量。

商品房预售制之下，购买新房需要等待一定时间才能交房。为了避免买到烂尾楼，购房者应首选经营较为稳健的开发商品牌。应该看到，在市场主体的共同努力下，房地产市场的流动性压力正在逐步缓解。各地还须进一步加大对房企风险化解力度，优化预售监管资金提取条件，促进企业资金良性循环，切实“保交楼”，保障广大购房者合法权益。

（刊发于 2022 年 7 月 6 日产经版）

从源头上遏制学区房炒作

随着7月12日北京市西城区2022年幼升小录取结果出炉，颇受幼升小家长关注的北京东城、西城、海淀三区的幼升小录取尘埃落定。孩子上学本是教育问题，却变成了住房投资问题，买什么样的房子就可能上什么样的学校。

学区房，买还是不买，买哪个区，同一个区里买哪个片区，是买传统优质“牛小”还是小升初通路更确定的“直升校”，“多校划片”政策下买了房到底能上哪个小学，如果派位被分配到邻近片区是否能接受？是买一居只为占学位，还是买大些兼顾居住？是直接买，还是卖了现有住房置换学区房？对于想通过买房获得优质教育资源的家长们，让他们“烧脑”的还远不止这些问题，他们需要研究每个区的幼升小、小升初录取情况，中考成绩，甚至高考成绩，选择适合自己和孩子的区、片区、学校，再下手买房。即便是深入做了功课，仍有家长难下决断，不禁在论坛发帖求助，东城、西城、海淀，买房到底该选哪？因为需要考虑的因素很多，加之观望政策和形势变化，一些家长从有此打算到真正购房可能延续一年甚至几年时间。

近年来，学区房价格出现过快上涨趋势，防止以学区房等名义炒作房价成为落实“房住不炒”的重要举措。学区房之所以能够存在，本质还在于教育资源相对不均衡。北京教育政策的调整，在就近入学的基础上削弱了住房与学校的一一对应关系，客观上对于平抑过快上涨的学区房价格产生了效果。犹记得去年此时，西城区“多校划片”政策落地实施，如一枚深水炸弹，让一些 2020 年 7 月 31 日之后在西城区部分区域买房落户的家长惊呼没想到，“7 月 31 日”也成了西城学区房的一个重要“卡口”。按照政策，在此日期后买房落户严格执行“多校划片”，买房对应的入学结果不再确定，房子与学校的捆绑面临松动。现实情况中，买了几百万元起步的学区房，孩子却不一定再能进入过去对应入学的优质学校，而可能被调剂到本片区其他学校或者邻近片区入学。去年录取结果公布后，德胜等过去顶尖片区的房价应声而落。

2022 年，“多校划片”仍在北京东城、西城、海淀三区继续实施。“7 月 31 日”后购房的西城家长，在忐忑中等待录取结果，中途经历了给孩子填报志愿的过程。这再次意味着很多家长通过买房进入过去对口优质小学的梦想破灭了。德胜片区“7 月 31 日”后购房家庭能够填写的志愿全部在片区以外，未能获得在本片区的入学机会。不少家长感叹，过去购买哪的房子就板上钉钉进入哪所小学，如今却更像“拆盲盒”。

“校额到校”是近些年北京、上海等城市均在推行的促进教育资源均衡的举措，是指优质高中将招生的一部分名额定向分配到初中。透出的信息是，即使上的是普通初中，只要成绩较为突出保持较好名次，就可能有机会按照“校额到校”政策进入重点高中就读。据观察，“校额到校”的指标在逐步增多，参与“校额到校”的学校范围在扩大。比如今年北京多个区宣布，将优质普通高中招生计划按一定比例分配到全区所有初中。说明“校额到校”政策的惠及面从过去普通初中扩展到全区所有初中。“校额到校”虽然是中考政策，其影响也会传导至小升初以及幼升小的家长，对于促进教育资源均衡和缓解择校热或有一定作用。

此外，教育集团化、教师校长轮岗等改革举措也正在为教育资源均衡贡献力量。在传统名校集团化的带动下，北京东城、西城、海淀三区以外的优质学校有增多趋势，一些学校因为中、高考成绩的逐年攀升引得广大家长高度关注。

给过热的学区房降温，从源头上解决学区房炒作问题，须积极推进教育资源均衡。教育资源均衡是相对缓慢的过程，只有不断采取有力措施持续努力，缩小学校之间教学质量差距，方能久久为功，让更多孩子接受到更均衡的教育。

（刊发于 2022 年 7 月 13 日产经版）

如何看待房地产市场的胶着状态

随着上半年经济数据的出炉，各行各业上半年的发展概况也更加清晰。2022 年上半年房地产市场处于十分胶着的状态。受到疫情多点散发等影响，不少城市房地产市场在企稳过程中遇到阻力，不过也有一些城市的市场在临近年中时呈现一定回暖迹象。

上半年政策暖风频吹，多城市密集出台调控政策，令人印象深刻。很多城市房地产市场面临下行压力，在稳增长放在更加突出位置的背景下，各地因城施策促进房地产业良性循环和健康发展，意在发挥稳楼市在稳经济中的作用。4 月 29 日召开的中央政治局会议明确，支持各地从当地实际出发完善房地产政策，支持刚性和改善性住房需求。上半年，信贷政策调整，房贷利率下调降低购房成本，在一定程度上推动很多观望者及时出手购房。各地积极采取包括降低首付、取消"认房又认贷"、放宽限购、放宽限售、缩短个人住房转让增值税免征年限、棚户区改造推出房票安置等调控举措，旨在提振市场预期，更好满足居民刚需和改善性住房需求，促进住房消费健康发展。房地产开发企业更是想出以小麦、大米、西瓜等农作物抵房款等促销手段，折射出个别城市和房地产开发项目想要尽快销售回款的急迫心情。

政策效应正在逐步显现。国家统计局数据显示，6 月份商品住宅销售价格环比总体趋稳。70 个大中城市中，新建商品住宅和二手住宅销售价格环比上涨城市分别有 31 个和 21 个，比上月均增加 6 个。据测算，6 月当月全国新建商品房销售面积和销售额环比增速均超过 65%，增速较上月明显扩大。6 月份，成都以新建商品住宅价格环比上涨 1.3% 和二手住宅价格环比上涨 2.0% 领涨 70 个大中城市。

不可否认，当前房地产市场企稳回升仍面临一些矛盾和难题。城市间分化依然十分明显。一些城市房地产销售量和价格回暖的同时，仍有不少城市的市场处于下行区间。当前总体成交量还处于较低位置。房地产开发企业仍偶现债务违约，个别房地产开发项目因为资金问题出现延期交付。这些情况在一定程度上影响了购房者对于市场的信心和预期。有人认为，房地产市场短期已经触底，但恢复将是缓慢温和的过程，市场在底部徘徊的时间将比过去周期中更为漫长。如何提振信心和扭转预期？还需进一步因城施策出台和调整房地产调控政策，加大信贷的支持力度，降低交易环节税费成本等。这些举措都有助于更好满足刚性和改善性需求，激活市场交易量。

上半年，房地产预售资金监管备受关注。预售资金是房地产开发企业进行项目开发的重要资金来源，与此同时，加强对预售资金的监管，防止预售资金被违规挪用，也是避免出现烂尾楼，保护广大购房者合法权益的重要举措。今年 1 月，住房和城乡建设部、人民银行和银保监会联合发出《关于规范商品房预售资金监管的意见》。4 月 29 日召开的中央政治局会议要求，优化商品房预售资金监管。商品房预售资金监管当更严更细，既发挥好稳定房企资金来源的作用，优化支出使用流程，使用便捷；又必须在严格监管下实现专款专用。如一些省份的预售资金监管规定明确，属于重点监管资金的，不得用于支付其他借（贷）款的本金和利息和用于缴纳土地价款等。应切实保障房地产项目竣工交付，维护好购房人合法权益，防范降低房地产领域风险。

从中长期看，我国房地产市场总体需求有望成为未来平稳健康发展的重要支撑。房地产市场存在结构性潜力，特别是在人口净流入的城市和经济发展水平较高的城市，需求仍将活跃。业内专家预计，商品房市场中长期仍能保持每年12亿至15亿平方米的交易规模。贝壳研究院的研究也认为，未来15年，住房需求仍有超过200亿平方米的规模。

（刊发于2022年7月20日产经版）

堵住商品房预售资金监管漏洞

当前个别城市出现房地产项目延期交付的情况，关于商品房预售制度是否应该取消的讨论声再起。商品房预售制需要购房者先支付购房款，待住房建完后再向购房者交付。过去20年，商品房预售制推动了我国房地产市场快速发展。

商品房预售资金是房地产开发企业的重要资金来源，预售制缩短了房企资金回笼周期和住房交付周期，支撑了房地产行业的高周转。然而，个别预售房地产项目交付时也出现房屋质量欠佳、项目烂尾等问题。预售制到底该不该取消，我们不妨先看看海内外商品房预售制的有关做法。

内地发展房地产市场之初便借鉴了香港地区的商品房预售制度，俗称“炒楼花”。香港对于预售制度的监管较严，也曾出现某新楼盘被有关主管部门叫停预售楼花的情况，原因是开发商未能证明有财力应付项目超支。这家开发商曾通知买家延迟交房，受影响的购房者可选择继续买卖或取消成交，如果选择取消，可以按照合同退回订金及利息补偿。按照规定，开发商开发资金超支一成以上时，必须向主管部门提交证据证明自己有足够财力，否则不能继续推销期房房源。正是基于较为完善的监管，2003年之后香港住宅市场未出现“烂尾楼”情况。

对于期房销售，一些国家推行按工程进度支付款项，且支付款项的时间节点规定比较详细。如法国商品房预售中，购房款支付须分期进行，地基建好时付到 35%，主体完工时付到 70%，全部竣工时付到 95%，剩余的 5% 作为押金在入住时支付，以确保开发企业按规定执行合同。

在新加坡，预购人按照房屋工程建造进度分期支付一定比例的房款。双方签署房屋购买合同后，买家总共支付的预付款比例为 20%，完成地基后再付 10%，整体框架完成后交 10%，配套设施如电线铺设、车库、门窗安装等完工时再交 20%，无人占用新房后交付 25%，最后确认所有项目建成后交付 15%。

英国推行按时间分期付款。期房的首付比例为 10% 至 25%，在双方签订协议的 21 天内支付首付款，随后的 6 个月至 24 个月再支付第二笔、第三笔各 5% 至 10% 的房款，交付后至少支付 55% 的尾款。

一些国家则规定有预售房订金的保全措施。比如在日本，针对购房者交纳的订金，开发企业要向相关金融机构交纳担保或保险金，只有为购房者制定了预售金保证书，房企才可向政府申请预售和建筑许可。

这些经验表明，制度和法治保障不可或缺。进一步完善和细化我国商品房预售资金监管相关制度，是优化商品房预售资金监管的重要前提和必由之路。我国的商品房预售制度正在不断完善。今年年初，有关部门出台了预售资金监管规定，首次从全国层面对商品房预售作出统一安排、确定监管机制。各地也出台针对预售资金的监管办法、工作措施等。

当前我国商品房预售制的许多问题出现在监管方面。与很多国家实施的购房者按工程进度支付款项相比，我国现行的商品房预售制度是在交房之前购房者就支付全款。款项进入指定账户后，根据工程进度按照相关比例拨付。问题出现在地方有关部门和负有监督管理职责的单位，或是没有严格按照相关制度执行监管，或是执行不到位。个别开发商与建筑商、供应商利用监管空隙，通过开具虚假发票、虚报工程进度等方式，提前支取预售监管资金。预售资金被挪用的情况也并不鲜见，一些房企会将预售资金由集团统一调配使用，用于偿还贷款、支付土地款、发放员工工资等。

关于商品房预售制的去留，一直都有争论。近年来，我国很多城市对于现房销售有积极探索，如北京在土地出让时设置了竞现房销售面积的环节，也就是说，现房销售面积更大，很可能成为企业竞得土地的优先条件。对于是否全面取消期房预售，银保监会新闻发言人、法规部主任綦相近日在发布会后接受记者追问时回应称，这关乎整个房地产新模式，国家会统筹考虑这个问题。并表示，这不仅仅涉及金融监管政策，还需要住房和城乡建设部、人民银行等多个部门统筹政策协调。

应明确的是，在商品房市场出现一定下行趋势时，不一定是取消预售制好的时间窗口。应进一步优化商品房预售资金监管，特别是对可能造成“烂尾楼”等风险的预售资金监管漏洞应坚决堵住，让预售资金监管制度更好发挥正面效应。

（刊发于 2022 年 7 月 27 日产经版）

保交楼给购房者吃“定心丸”

中共中央政治局7月28日召开会议，分析研究当前经济形势。在对房地产市场发展进行部署时，提及了“保交楼，稳民生”，这表明当前和今后一个时期，保交楼是促进房地产市场平稳健康发展中的一件大事。

保交楼是当前房地产领域最大的民生。房地产行业产业链长，还关联着众多上下游行业及领域，对稳定宏观经济大盘有重要意义。更值得关注的是，住房还凝聚着购房者对实现住有所居、居有所乐，拥有美好居住生活的期盼和向往。房地产市场稳定发展是经济问题，更是民生问题。当前，一些房地产开发企业出现流动性困难，个别房地产开发项目因资金问题出现了停工，商品住房面临难以按时交付的情况。目前我国商品住房销售多采取的是预售制，购房者“先交钱，后收房”。如果不能按时交付住房，购房者将面临利益受损。尽管当前这类项目占比非常小，也需切实保障好所涉购房者利益。千方百计保交楼，稳民生，是房地产领域面临的重要任务。

有关部门和地方采取积极措施保交楼，让购房者看到了希望。目前，多个城市积极践行保交楼。有的成立了专项基金用于房地产项目的盘活；有的派驻工作组跟进项目进度；有的返还企业未动工项目土地款用于在建项目施工；有的公开了预售资金监管账户的运行情况，让预售资金监管账户更透明，购房者更放心。有跟踪研究表明，目前企业积极采取引进信托公司、债权人收购优质项目、拍卖债权引入投资方、合作方托管等多种方式以期实现经营状况进一步好转。业内专家还建议，可鼓励国有平台与区域性品牌民企成立项目公司，发挥国有资本“四两拨千斤”和民企懂市场善经营的各自优势。

保交楼需要稳企业。企业是房地产开发项目的第一责任人。当前，一些房地产开发企业面临资金链吃紧问题，这也是延迟交付现象的症结所在。一些房地产开发企业表示，有关部门表态“指导银行保险机构做好对房地产和建筑业的金融服务”“维护房地产市场融资平稳有序”为他们解决目前的流动性困难增强了信心。由此可见，金融支持对于企业纾困以及保交楼至关重要。预售资金是房地产开发企业的重要资金来源，与此同时，预售资金的违规挪用也是烂尾楼出现的重要原因。因此，对于预售资金的监管应该科学合理，既满足好企业经营所需，也要防止资金违规挪用。应该注意的是，从有关主管部门到地方政府都在积极采取措施保交楼，房企也要主动解决自身面临的困境。

当前，民营房地产企业的发展值得关注。过去我国房地产市场的发展历程中，涌现出了一些优秀民营房企。不可否认，民营房企在过去高杠杆、高周转模式盛行的发展过程中，也积攒了不少行业发展的通病。当过去的模式不可持续，一些民营房企对于稳健经营和风险防范显得准备不足。今年上半年，在各方对于民营房企观望情绪更浓厚的背景下，一些民营房企销售情况下降趋势更明显。当前，对民营房企的信心尤需进一步增强。业内专家呼吁，金融部门对房地产企业特别是民营房企要不抽贷、不断贷、不压贷，合规的不拒贷。

保交楼需要压实地方政府责任。房地产市场调控的主体责任在地方。地方政府最了解当地房地产市场情况，房地产市场的平稳健康发展关乎地方经济发展、社会稳定。当前形势下，需要地方政府在保交楼中统筹地方具体情况，做出科学研判，采取有力措施。

同时，应加快推进对已经出现流动性风险项目的处置。拖得时间越长，企业债务负担越重。应避免将流动性风险演变成资不抵债风险。逐步恢复有关企业的融资功能，降低融资成本，有利于停工项目的复工，也会增强各方信心。在推进保交楼过程中，地方政府可以根据不同企业、不同项目的特点分类推进保交楼工作。对目前一些楼盘进行分类，每一类用相同或相似的办法，有利于总结各地已有经验，使得保交楼工作更具针对性。此外，地方政府对于房地产市场的情况和房地产企业的经营状况应全过程给予高度关注，对于企业和项目的经营与流动性困难，做到尽早发现以便尽早化解。

值得一提的是，保交楼不但应该确保新建商品住房按时交付，还应确保交付质量。建筑安全需要保证，房屋质量也不能含糊。保交楼不能给偷工减料开绿灯，应切实保证完成交付质量。

（刊发于 2022 年 8 月 10 日产经版）

家装行业规范化是大势

拥有一套房子，开启了安居乐业的起点。再根据自己的心意对房屋内部进行装修装饰，则承载了人们对美好生活更丰富更现实的向往。这几年，反复的疫情让人们有更长时间与自己的房子共处，不少人将提升居住品质提上家庭议事日程。媒体报道，今年上半年上海疫情过后曾出现了一波改善热潮，一些家庭希望置换面积更大一点的房子，让居住空间更开阔，还有很多人选择将略显老旧的房屋装修装饰翻新。在“房住不炒”的背景之下，人们不再像过去那样热衷买更多的房子投资，而是把资金用于改善自住房屋。除了以小换大或换到地段更适合生活需求的区域，还有人选择投入更多资金用于家居环境的升级改造。

你曾有过怎样的装修经历？人们对于装修行业的吐槽不绝于耳：这里的“猫腻”有点多。网上流传着不少装修避坑指南，帮助你在和装修工长打交道时更少入坑。即使选择了规模稍大的装修公司，法律工作者们还是不得不指导广大消费者避开装修合同上的陷阱。

消费者遇到的第一大痛点或许就是被装修公司要求增加项目，合同之外的增项有的是合理的，有的与装修人员前期的设计不合理、测量不仔细有关，还有的则属于恶意增项。为了促成销售，有的装修公司或者装修队伍少报或漏报施工面积，或在合同中故意不写或者少写一些关键项目，都是为了把初期整体预算降低，等开工后再增加报价。还有的装修公司私自给消费者做增项，并告知这个项目是一定要做的，以达到多收费用的目的。面对增项问题，消费者应该提前问清楚后续是否会有，并要求装修人员把增项控制在一定范围，如果超出太多，就要警惕是否被“套路”了。另外，应该要求装修的变更或增项需要业主签字同意方能进行。

装修逾期问题也很常见。贝壳研究院调查显示，参与调查的家庭有一半都遇到未按合同约定时间交付装修的问题。造成逾期的原因除了装修产品、材料未能及时到位外，有很多是因为装修公司的管理水平以及工艺水平不足，或者需要返工等。装修已经完成了大半，即便逾期，很多消费者也只能无奈等待。在签订合同时，消费者应与装修队伍商定好完工时间，规定因为装修公司的因素导致逾期的，需要其负赔偿责任。

现在很多装修都是整包的形式，一些装修材料或者用品也是由装修公司提供。这时，消费者需要尽量与装修公司确定品牌，避免装修方以约定的材料无货、替换成类似商品的办法以次充好。

装修合同还须防止“文字游戏”。比如装修方可能提出各种部品长度不足整数的以整数计算，超过整数米的按延米计算。照此约定，比如 3.2 米的长度，会按 4 米计算工费，这无疑会增加费用。应避免类似的模糊计算办法，并把双方商定好的算法写进合同。

你也许和我一样，对家具建材市场门口“改水改电”“刷大白”等招牌旁边招揽生意的装修工身影并不陌生。伴随城镇化进程的推进和房地产市场的快速发展，我国家装行业市场规模持续增长。装饰装修行业取得了长足进步，也涌现出一些较为知名的品牌装饰装修企业。但总体而言，装饰装修行业呈现“大行业、小企业”的特点，行业的分散性较强。装修公司大多是地方企业，甚至绝大多数装修工程都是由工长带着小施工队完成，连锁家装企业的数量占比仅为 10% 左右。

装修装饰行业目前尚存在集中度低、供应链冗长、流程不规范等问题。推进行业规范健康发展，是广大消费者实现避坑的根本。应加大对行业的引导和规范力度。从事家装行业的很多是小微企业或个体劳动者，处于缺少组织、一盘散沙的状态，给行业规范和市场监管带来一定难度，也是造成市场乱象的根源。我们观察到，一些城市出台了室内装饰装修管理办法，但总体而言，装饰装修行业准入缺乏明确的制度要求，服务标准也尚不明晰。因此，整个行业系统科学的规范管理需要进一步加强。

（刊发于 2022 年 8 月 17 日产经版）

房屋公摊面积该怎么算

购买一套建筑面积 110.25 平方米的房子，到手后却发现套内面积只有 61 平方米左右，这让青岛市民李先生很受伤。与百平方米住宅档位不相称的狭小空间，每个房间都不超过 9 平方米，让原本满怀期待等着收房的好心情一下跌到谷底。李先生的遭遇经媒体报道，有关公摊面积的讨论再次多了起来。

李先生还是有机会维护自己权益的。根据购房合同，开发商向其承诺套内建筑面积为 75.24 平方米，收房后初步测量实际套内面积仅 61 平方米。按照有关规定，如果能确定交房时房屋面积有缩水，根据缩水程度不同，购房人有权要求退房，同意不退房的，可以要求房地产开发企业退还相应房价款。

可想想就知道，作为消费者的李先生们走向维权之路何其艰难。涉及公摊面积的知识专业性强，而一些开发商为了利益最大化在公摊面积上做文章，暗藏进不少“猫儿腻”。购房人常常被购房合同中的专业术语或是开发商的承诺绕晕，真正了解清楚实际公摊率、得房率等情况还需要一番精密换算。多数消费者很难弄清开发商是否按合同约定和相关法律规定做出公摊面积，收房要求助专门的商业机构测量，还可能要去有关部门查询备案数据，甚至需要聘请律师。

也正是因为多年来有关公摊面积的纠纷频发，取消公摊面积的呼声一直不绝于耳。当前我国住宅建筑基本以建筑面积交易。电梯井、楼梯间、垃圾道、变电室、设备间、公共门厅和过道、地下室、值班警卫室，以及其他功能上为整栋建筑服务的公共用房和管理用房等公用建筑面积，是构成商品房建筑面积的一部分。公用建筑面积会分摊到各家各户，购房者除了为实际居住的套内使用面积付钱，还要为小区内的公用建筑面积买单。

这些所谓公摊部分是实际需要的，是保障居住生活的重要组成部分，直接影响居住质量与舒适度。人们呼吁取消公摊面积，并非要取消这些公用部分，而是呼吁改变购房时的交易计量方式，不再以包含公用部分在内的建筑面积交易，代之以套内使用面积计算。持取消公摊面积观点的人认为，普通购房人很难准确计算公摊面积和套内面积，只能听凭开发商之言。“乱公摊”和“只公摊成本，不公摊收益”等问题引起越来越多购房者不满，公摊面积如果多算，不仅增加购房款，后续的取暖费、物业费由于也以建筑面积计算，购房者会长期多支付费用。

按套内使用面积计算是国际通行做法。提高标准国际化水平是深化我国标准化工作的重要一环，从提高我国工程建设标准与国际通行做法一致性的角度，按套内使用面积计算，不失为将住宅面积计算方式与国际接轨的一项积极探索。

2019 年 2 月，《住宅项目规范（征求意见稿）》第一次向社会公开征求意见时，“住宅建筑应以套内使用面积进行交易”被写入征求意见稿，并引起了广泛关注。牵头承担《住宅项目规范》起草任务的中国建筑科学研究院有限公司相关负责人曾表示，以套内使用面积交易可以解决两个问题：一是解决套内建筑面积相同而住户使用面积不同的问题；二是解决住户使用面积不透明的问题。按套内使用面积进行计算易于住户自行测量，实现“所见即所得”。从技术角度明确按套内使用面积交易，有利于保护消费者权益。

时隔3年，2022年3月，当《住宅项目规范（征求意见稿）》再次向社会公开征求意见时，“住宅建筑应以套内使用面积进行交易”并未再出现在征求意见稿中，且也没有出现应以什么方式进行交易的表述。看起来，这一问题尚需有关部门进一步斟酌研判。

其实，无论是以建筑面积计算还是以套内使用面积计算，无非是购房单价有不同，购房者付出的总购房款按照市场行情通常是相对固定的。在当下仍以建筑面积交易的情况下，应完善政策，让公摊面积的计算更清晰透明，保护好消费者权益。比如：完善相关规定，尝试对公摊面积比例做出约束，防止乱公摊和公摊面积过大等行为；销售房屋时，房地产开发企业应该完整准确公开公摊原则、公摊部位以及具体数据，有关主管部门也应主动公开信息，便于购房者查询；商品房买卖合同签订时，应明确成交总价、建筑面积、使用面积；对于存在有关公摊面积违法违规行为的房地产开发企业，应采取措施予以惩治。

（刊发于2022年8月31日产经版）

加快住房租赁立法恰逢其时

《北京市住房租赁条例》于9月1日正式实施。将住房租赁以条例形式予以规范，是解决住房租赁市场日益凸显的居住问题的客观要求。这一条例的出台有助于维护租赁双方当事人合法权益，特别是在承租人一般处于相对弱势地位的情况下，条例将更好地保护租房者。《北京市住房租赁条例》是我国住房租赁领域首部地方性法规，势必会对其他省份规范住房租赁市场起到一定示范引领作用。

对不少年轻人而言，租房是毕业后初到一座城市的首要刚需。一提到租房，想必很多人都忍不住吐槽那些不太愉快的经历，有的人找房子遇到中介机构为招揽生意发布的虚假房源，有些房东总是不断抬高房租，还有的人遇到“甲醛房”，押金难退，或者是由于房东的原因频繁搬家等问题。多年以来，租房市场乱象频现，租赁关系不稳定始终是住房租赁市场发展的阻碍。

通读《住房租赁条例》(下称《条例》) 不难发现，其对现存比较集中的住房租赁痛点和难点问题均开出了“药方”，对那些闹心事烦心事给出了解决方案。“隔断房”一度较为常见，房东或者是中介机构为了增加租金收益私建隔断墙，改变房屋结构，增加了安全隐患。《条例》对此明确，出租住房以原规划设计的房间为最小出租单位，不得打隔断改变房屋内部结构。且规定了处罚措施，未按照规定出租住房的，责令限期改正或者恢复原状，逾期不改的，还将视情节对个人或单位处以相应罚款。

前些年“甲醛房”危害租房者身体健康的报道想必人们还记忆犹新。此次《条例》中明确规定出租住房应当符合室内空气质量等基本安全标准要求，并明确，室内空气质量不符合室内空气质量标准的，将对住房租赁企业处以罚款。

房东的恶意驱赶行为也将受到约束。《条例》明确，不得采取停止供水、供电、供热、供燃气以及其他故意降低服务标准等方式，或者采取暴力、威胁等非法方式，强迫承租人变更、解除住房租赁合同，提前收回租赁住房。

很多人以当“二房东”实施房屋转租为一门生意，但在实际情况中，“二房东”卷款跑路、恶意诈骗房租伤害了不少租客，此次《条例》将“个人二房东”纳入监管，规定个人转租住房超过规定数量应当申请住房租赁企业设立登记，并明确对违法行为的处罚要求，为解决这一顽疾提供了法律依据。

租约到期后，一些房东以房屋内的物品有损耗或者损坏为由拒绝归还押金，这显然是不合理的。有了明确的监管规则，押金难退也有望成为历史。《条例》规定，房屋装修及家具家电等物品在使用过程中必然存在自然损耗及折旧，只要承租人的使用行为处于合理范围内，不存在故意损毁行为或以超出约定范围的方式使用，不能当然认定承租人构成违约。而对于出租方是住房租赁企业的情形而言，其收取的押金应按照规定通过第三方专用账户托管，押金返还将得到更好保证。

一段时间以来，租金贷的运作模式很流行。承租人与金融机构签订贷款合同，由金融机构先行支付房租，承租人按照约定的计划还款并支付利息。实际情况中，租金贷的不规范发展成为一些房屋租赁企业“爆雷”的导火索，造成不少出租人和租客利益受损，租房者常常是在出租方的诱导下，稀里糊涂就签了贷款合同。《条例》明确，住房租赁企业不得诱导承租人使用住房租金贷款，不得在住房租赁合同中包含租金贷款相关内容，并规定了相应的处罚条款。

对于备受老百姓关注的租金和中介费等问题，《条例》也有明确回应。比如，《条例》规定住房租金明显上涨或者有可能明显上涨时，市人民政府可以采取涨价申报、限定租金或者租金涨幅等价格干预措施，稳定租金水平。又如，住房租赁合同期满，出租人和承租人续订或重新签订合同，房地产经纪机构不得再次收取佣金。

立法规范是住房租赁市场发展到一定程度的必然要求。围绕解决好新市民、青年人等群体刚性需求，坚持租购并举，规范发展长租房市场，是重要的民生问题。发展住房租赁市场是促进我国房地产市场平稳健康发展的重要一环。当前，我国住房租赁市场正在快速发展，在全国层面出台相关规定成为普遍呼吁。据了解，有关部门正在推动加快出台《住房租赁条例》。2020 年 9 月，住房和城乡建设部曾对《住房租赁条例（征求意见稿）》公开征求意见。相信随着住房租赁立法工作的推进，其对住房租赁市场的健康运行和完善发展将起到重要的支撑作用。

（刊发于 2022 年 9 月 7 日产经版）

优化二手房交易政策正当时

如今，购房家庭在同一时期内先出售名下住房再购买下一套住房，也就是“卖一买一”的情况比较普遍。很多家庭在“卖一买一”时，由于卖房周期拉得太长，影响了下一套的买入，甚至错过了喜欢的房源，或因为前一套卖出时资金筹措不及时，再次购房时对卖家产生违约。针对“卖一买一”这样的“连环单”交易，北京市开始试行存量房交易“连环单”业务并行办理，此举能够大大缩短交易时间，从而提升二手房交易便捷度，有助于进一步释放改善性住房需求。

假设乙将名下一套住房卖给甲，又买了丙的一套住房，则甲、乙、丙三方构成了一个“连环单”。由于北京目前仍实行限购政策，很多家庭需要卖掉一套住房腾出购房资格再买下一套。按照传统交易模式，“连环单”中的乙要在卖出名下住房并办理转移登记后，才能腾出资格购买丙的住房，交易周期较长。根据此次北京试行的新政策，甲、乙、丙申请办理“连环单”业务后，乙和甲只要进行网签，乙就可以腾出购房资格，启动购买丙住房的程序。也就是说，乙购房资格的释放由原先办理房产转移登记也就是“过户”后，前置至网上签约后。待乙完成买入丙住房的网签后，可一并办理乙对甲卖出、乙对丙买入房屋的贷款、缴税、登记业务。有业内人士估算，“连环单”业务并行办理的交易周期较优化前最多可减少 50 天。

二手房交易在北京房地产交易中占比较高，其中改善性购房需求占三成以上。有关监测数据显示，2021 年北京市二手房成交面积显著高于新房成交面积。优化二手房交易流程将有助于提高存量房屋交易效率，更好支持购房家庭合理住房需求。

近期，在优化二手房交易流程方面，很多城市推出了“带押过户”的新举措。“带押过户”能够降低交易成本，促成交易便利化，活跃二手房市场，是一项顺应民心之举。

所谓“带押过户”，是指对于存在抵押的不动产需要上市交易的，卖方可先不归还原来的房贷就完成过户登记，买方可带抵押过户直接获取金融贷款。在传统的二手房交易过程中，如果住房还有未还清的银行按揭贷款，则仍处于抵押状态，交易手续相当烦琐。需要卖方提前筹集资金还清贷款，即“赎契”，通过“赎契”解除原有抵押，才能办理过户手续，进而买方将房产再次抵押，获得银行贷款。

“带押过户”新政节省了卖方为提前还贷衍生出的过桥费，以及过桥费带来的利息和担保费等，利于卖方尽快回笼资金，同时省下了交易时间。过去，一旦卖方在约定时间内凑不齐未结清的银行贷款，则很可能对买方产生违约。“带押过户”减少了办事环节，缩短了交易时间，避免因时间拖延出现的违约情形。

二手房市场对房地产市场的总体平稳健康发展有重要作用。很多二手房有成熟的商业和物业，地理位置好，相比购买新建商品住宅往往需要等待一定交房时间而言，不少购房者根据现实情况综合考虑，将二手房作为首次置业或者改善居住条件置换住房的首选。特别是在一线等大城市，二手房的交易量早已超过新房。当前，促进二手房交易的企稳回升，有助于带动中介服务行业的活跃，促进装饰装修、家具家电等相关消费。期待各地有更多优化二手房交易流程的举措出台，更好满足刚需和改善性购房家庭合理住房需求，促进二手房市场平稳健康发展。

（刊发于 2022 年 9 月 28 日产经版）

房地产行业将保持政策定力

从国家统计局刚刚公布9月份70个大中城市商品住宅销售价格变动情况以及全国房地产开发投资增速数据看，当前我国房地产市场总体仍处于一定下行态势。1月至9月，全国房地产开发投资同比下降8.0%。

不过，比较1月至9月的细分月度数据来看，尽管今年的“金九银十”显得成色不足，但房企的打折促销、以价换量还是让商品房销售特别是新房销售情况有一定好转。9月当月，新建商品住宅销售面积、销售额环比增长30%以上，1月至9月销售面积、销售额累计同比降幅均收窄。9月的最后两天，阶段性放宽部分城市首套住房贷款利率下限、下调首套个人住房公积金贷款利率、对居民换购住房缴纳的个人所得税予以退税优惠等政策密集出台，体现了国家有关部门对于稳定房地产市场的决心。各地因城施策积极出台相关调控举措稳地价、稳房价、稳预期，政策叠加有助于各方对房地产行业信心的恢复。

根据党的二十大精神，要坚持房子是用来住的、不是用来炒的定位，加快建立多主体供给、多渠道保障、租购并举的住房制度。这为我国房地产市场实现平稳健康发展和完善住房保障体系指明了方向。同时表明，我国在住房领域将保持政策定力，房地产市场将朝着进一步实现高质量发展，提高人民的居住生活品质的方向而努力。

坚持房子是用来住的、不是用来炒的定位已成广泛共识。2016年底的中央经济工作会议首次提出“房住不炒”定位，在“房住不炒”是过去几年，也将是未来做好房地产工作的根本遵循。“房住不炒”定位下，住房更多回归居住属性，而不再是一提到房地产，人们首先想到要投机炒作。过去在房地产投机炒作浓厚氛围之下，房价飞涨，长此以往，不仅会给宏观经济带来危害，也将对广大居民实现住有所居造成阻碍。坚持“房住不炒”定位，是坚持把房地产发展的落脚点放在民生上的重要体现。随着房地产领域金融化、泡沫化势头得到实质性扭转，居民合理购房需求将得到充分保障，刚需及改善性住房需求将得到更好满足。

多主体供给、多渠道保障将更好满足广大居民多层次住房需求。未来，我国将进一步健全“两个体系”，一个是住房市场体系，另一个是住房保障体系，这两者缺一不可。住房市场体系将紧跟市场需求，为购房者提供丰富的住房供给。住房保障体系主要由政府保障和兜底。2021年，我国首次明确了国家层面的住房保障体系顶层设计，即国家的住房保障体系以公租房、保障性租赁住房和共有产权住房为主体。公租房主要面向收入低、住房条件差的城镇住房、收入困难家庭；保障性租赁住房重点在人口净流入的大城市解决新市民、青年人的住房问题，为他们提供小户型、低租金的租赁住房；当通过保障性租赁住房解决阶段性的住房困难后，过了若干年有一定的积累和能力，但是仍难以负担市场上的商品住房时，政府安排共有产权住房，购房者与政府共有产权，就使得他们能以较低的价格购买共有产权住房。

租购并举意味着住房租赁将在解决住房问题中发挥更加重要的作用。长期以来，我国住房市场存在重购买轻租赁的情况。过去几年，住房租赁在解决居住问题方面的分量逐步加重。当前，我国正在加快补齐住房租赁短板。在市场租赁住房需求的驱动下，相关政策的引领下，住房租赁有望发展得更加成熟完善。在此过程中，重在解决广大新市民、青年人等群体住房困难问题的保障性租赁住房将成为重点。保障性租赁住房是国家住房保障体系的重中之重。“十四五”时期，40 个重点城市将建设筹集 650 万套（间）保障性租赁住房，可解决近 2000 万新市民、青年人的住房困难问题。

高质量发展是全面建设社会主义现代化国家的首要任务。对于房地产行业而言，推进高质量发展的依托在于我国将进一步推进以人为核心的新型城镇化，加快农业转移人口市民化。这一过程中，仍有大量的住房需求需要满足。为推进房地产行业的高质量发展，我们将继续稳妥实施房地产长效机制。房地产调控因城施策、一城一策，增强调控政策的协调性精准性，支持刚性和改善性住房需求，遏制投机炒房，促进房地产市场平稳健康发展。努力实现稳地价、稳房价、稳预期目标。

（刊发于 2022 年 10 月 26 日产经版）

从“有居”到“优居”还有提升空间

一组来自住房和城乡建设部的最新数据显示，今年前9个月，全国新开工改造城镇老旧小区5.16万个、848万户。对照2022年全国计划新开工改造城镇老旧小区5.1万个、840万户的目标，无论是按小区数计，还是按户数计，前三季度已经完成了全年老旧小区的改造任务。

数据令人欣慰，越来越多居住在老旧小区的居民盼来了居住环境的改善和提升。党的二十大报告提出，增进民生福祉，提高人民生活品质。提升居住品质是提高人民生活品质的重要内容。

如何提升居住品质？过去商品住房在数量上实现了突飞猛进，在房地产开发模式高周转、企业高利润的大背景下，房子是不愁卖的。对于很多购房者而言，他们首先解决的是“有没有”的问题。显然，房地产行业快速发展对改善群众住房条件发挥了很大作用，但很多房子却难言高品质。现在，人民群众对住房的需求已经从“有没有”向“好不好”转变，他们希望居住的条件更舒适，环境更优美，服务更便捷。居住品质提升不仅体现在面积更大，装修更好，小区绿化比例更高，还体现在更加过硬的房屋质量，更加便利的社区生活，更加完善的物业服务等。

向高品质居住生活迈进的过程中，我们还有很大提升空间。党的二十大报告提出，实施城市更新行动。老旧小区改造正是城市更新的重要内容。当前，一些老旧小区仍有环境脏乱差、缺少停车位、没有电梯造成老年人出行困难、小区周边养老托育设施不够完善等问题。我国提出到“十四五”期末，结合各地实际，力争基本完成2000年底前建成的需改造城镇老旧小区改造任务。老旧小区改造的内容不仅包含市政配套基础设施改造提升等基础类改造，也包括改造或建设停车库、增设充电桩、加装电梯等完善类改造，还包括公共服务设施配套建设及其智慧化改造等提升类改造。

如果没有过硬的房屋质量，便难言居住品质的提升。很多人都有切身的体会，房屋质量问题常常让人头疼。购买商品住房进行交付以及后续使用过程中，总会遇到各种各样的房屋质量问题。不仅包括公摊面积过大，还包括渗水、墙体空鼓等常见问题。房屋质量问题的长期存在与我国商品房预售制不无关系，商品房预售制之下，先交钱再交房，房地产开发企业为实现高周转，以及出于售房款已经收回的心态，放松了对质量的追求。提高房屋质量需要有关部门进一步细化标准且加大监管力度。房地产开发企业也应进一步增强责任感，以为广大人民群众提供更高品质的住宅为己任。

如今，购房者从只看户型和位置，到现在更关注物业服务，周边配套设施。在推进居住品质提升的过程中，推进完整居住社区建设是一个重要抓手。所谓完整居住社区是指在居民适宜步行范围内有完善的基本公共服务设施、健全的便民商业服务设施、完备的市政配套基础设施、充足的公共活动空间、全覆盖的物业管理和健全的社区管理机制，且居民归属感、认同感较强的居住社区。近日有关部门又推进完整居住社区试点，提出利用两年时间打造一批安全健康、设施完善、管理有序的完整社区样板，尽快补齐社区服务设施短板，全力改善人居环境，努力做到居民有需求、社区有服务。

住房问题一头连着民生，一头连着发展。无论是从增量的角度，城镇每年新增上千万人口，相应的对城市的住房、基础设施、公共服务设施就会带来大量的需求；还是从存量看，老旧小区改造，城市基础设施补短板，更新改造等方面的任务量也很大。房地产开发企业和物业服务企业等市场主体依然拥有广阔的发展机遇。在此过程中，居民从“有居”到“优居”，实现居住品质提升将是未来房地产行业发展的主题。

尽管当前房地产市场处于一定下行态势，基于未来广阔的发展空间，我们应对行业的发展充满信心。房地产开发企业应该着力打造优质的民生工程，为老百姓提供高品质并经得起检验的产品。整个行业从过去过快增长进入平稳发展阶段，需要静下心来，以立足长远发展为目标，从靠高负债、高杠杆发展的模式转而向管理要效益，推动企业增长模式从规模扩张型向稳健发展的质量效益型转变。

（刊发于 2022 年 11 月 2 日产经版）

“租购并举”驶入快车道

继《北京市住房租赁条例》今年9月份开始正式实施之后，《上海市住房租赁条例（草案）》也于近期向社会公开征求意见。住房租赁市场越是发展，越需要进行规范。北京、上海两地以地方性法规规范住房租赁市场，是住房租赁在解决大城市居住问题日益发挥重要作用的体现。党的二十大报告提出，加快建立多主体供给、多渠道保障、租购并举的住房制度。“租购并举”写进党的二十大报告，表明过去几年住房租赁解决居住问题的重要性凸显，我国将进一步推进住房租赁发展。

长期以来，无论是从住房供给的角度，还是人们的传统观念中，重购买轻租赁都是我国住房市场的一大特征。很多人对租房住始终感到不稳定，这与住房租赁市场发展得不完善、不规范相关。房东随意终止合同，租金频繁上涨等情况屡见不鲜。安居才能乐业，然而大城市的高房价又常常让人望而生畏。大城市中的新市民、青年人渴望有更理想舒适的租赁房屋。

为补齐住房租赁短板，我国加快推进住房租赁市场建设。从顶层设计看，公租房、保障性租赁住房和共有产权住房三大保障性住房种类中，有两类是租赁性质。公租房主要针对低收入困难家庭，保障性租赁住房则重点针对人口净流入大城市中的新市民、青年人。

其中，保障性租赁住房将成为住房保障体系的重中之重。“十四五”期间，40个重点城市将建设筹集650万套（间）保障性租赁住房，可解决近2000万新市民、青年人的住房困难问题。

同时，住房租赁市场也取得了长足发展。住房租赁企业规模化、集约化、专业化水平得到提升，一些房地产开发企业将发展长租公寓作为一个赛道，住房租赁板块的业绩不断提升。过去，房地产开发企业在开发和销售中以高周转、高杠杆的模式实现高收益，而发展住房租赁业务往往具有高投入但回报周期长的特点，很多企业对于进入住房租赁板块难有较高的兴趣。随着房地产市场从过高速度逐步转向平稳发展阶段，房地产企业可以将更高视野放在包括发展住房租赁在内的其他房地产相关领域，从而寻找新增长点，赢得新突破。目前，国家出台了金融、财税、土地等相关配套措施和支持政策，鼓励房地产开发企业进入住房租赁领域。比如保障性租赁住房REITs（基础设施领域不动产投资信托基金）的破冰，就拓宽了住房租赁发展的资金来源，有助于吸引更多市场力量加入发展住房租赁队伍中来。

未来，更加广泛的租赁需求是住房租赁实现高质量发展的重要支撑。城镇化进程的进一步推进，将有大量人口走向城市，并随着经济活动的开展在不同城市之间流动，这期间可以形成相当规模的住房租赁需求。从增进民生福祉，提高生活品质的角度来看，住房租赁除了解决一些城市居民的基本居住需求之外，随着人们对提高居住品质有更多要求，一些中高端的长租公寓要满足中高收入群体的住房租赁需求，在提升他们的居住品质中发挥作用。

租购并举的发展离不开租购同权。很多人之所以不选择租房，除了市场不规范这一因素外，更主要的是租房群体在子女教育、医疗等问题上，常常享受不到与购房者相同的权利。未来，要实现真正意义上的“同权”，需要加大教育医疗等公共服务资源的有效供给，缩小区域间的差距。值得注意的是，多部门从不同角度积极推进租购同权，租购同权近期多次出现在有关部门的文件中。如今年7月份国家发改委发布的《“十四五”新型城镇化实施方案》提出，“逐步使租购住房在享受公共服务上具有同等权利”。8月份，国家卫健委等多部门发出《关于进一步完善和落实积极生育支持措施的指导意见》，其中提出，“加快发展长租房市场，多渠道增加长租房供应，推进租购权利均等”。

北京、上海以地方性法规规范住房租赁发展为其他城市带了好头。此前，全国层面的《住房租赁条例（征求意见稿）》已向社会公开征求意见，正式出台指日可待。除了推进立法之外，住房租赁还须在完善市场秩序、加大管理力度、加大对住房租赁企业支持力度、扩大住房租赁土地和房源的供给、拓宽发展住房租赁的融资渠道等方面下更多功夫。

（刊发于2022年11月9日产经版）

金融支持提振房地产市场信心

今年以来，房地产市场整体处于下行态势，房价下降城市持续增多，购房者观望情绪浓厚，房地产销售面积和销售额有所下降。对于正处于调整期的房地产行业而言，更好发挥金融支持房地产市场作用，保持房地产融资合理适度，有助于维护住房消费者合法权益，促进房地产市场平稳健康发展。房地产市场对于金融政策的变化一向较为敏感，随着金融支持房地产市场各项举措进一步落地见效，有望对稳定房地产市场起到较为明显的促进作用。

金融支持从供需两端发力，有助于稳地价、稳房价、稳预期。在供给端，稳定房地产开发贷款投放以及建筑业企业信贷投放，满足房地产项目合理融资需求，给建筑企业提供必要的贷款支持，有助于增强房企和建筑企业信心，也有助于房地产企业和房地产开发项目更好进入良性运转轨道。值得一提的是，房地产行业处于调整阶段时，民营房企拓宽资金来源显得更为不易。在稳定房地产开发贷款投放时，对于国有、民营等各类房地产企业，应该切实做到一视同仁。治理完善、聚焦主业、资质良好的房地产企业，应得到重点支持。除贷款支持外，还应支持优质房地产企业发行债券融资，鼓励信托等资管产品支持房地产合理融资需求。

在需求端，个人住房贷款合理需求有望得到进一步支持。今年以来，各地因城施策实施差别化住房信贷政策，合理确定个人住房贷款首付比例和贷款利率政策下限。金融机构可在城市政策下限基础上，合理确定个人住房贷款具体首付比例和利率水平，同时优化新市民住房金融服务。相关支持政策将减轻刚需和改善性需求购房者的资金压力，有助于促进住房合理消费。

金融支持有助于推进“保交楼”。今年 8 月份，住房和城乡建设部会同有关部门，通过政策性银行专项借款的方式，支持有需要的城市推进已售、逾期、难交付的住宅项目建设交付。与此同时，在专项借款的撬动下，金融机构将提供配套融资支持。“保交楼”对于稳定当前房地产市场至关重要，推进已售、逾期、难交付的房地产开发项目交付，将更好维护购房者合法权益，也有助于各方主体重拾对房地产行业发展的信心，从而维护社会稳定大局。

金融支持有助于做好房地产企业风险处置和保障金融消费者合法权益。已进入深度调整期的房地产行业中，项目间的并购，企业间的兼并重组有助于行业实现优胜劣汰，化解行业金融风险。在此过程中，金融机构应做好房地产项目并购金融支持。不仅商业银行应稳妥有序开展房地产项目并购贷款业务，支持优质房地产企业兼并收购房地产项目，还可以发挥金融资产管理公司、地方资产管理公司在不良资产处置、风险管理等方面的经验和能力。同时，金融支持政策可以在因疫情住院治疗隔离或因停业失业失去收入来源等情况发生时，对个人住房贷款进行延期、展期等调整，在确保不出现恶意逃避金融债务的基础上，更加灵活的政策彰显金融支持的人性化原则。

金融支持有助于引领行业发展新方向。“租购并举”是我国房地产市场重要发展方向。可以预计，在加大住房租赁金融支持力度的基础上，住房租赁将有更广阔的发展前景。相关的金融支持应进一步优化住房租赁信贷服务，积极满足相关住房租赁企业中长期资金需求，为收购、改建房地产项目用于住房租赁提供资金支持。同时，住房租赁市场多元化融资渠道有望进一步拓宽，信用债券、担保债券等金融产品可专项用于租赁住房建设和运营。房地产投资信托基金（REITs）试点也将稳步推进。

需要强调的是，更好发挥金融支持房地产市场平稳健康发展作用，不得逾越“房住不炒”底线。合理的金融支持旨在使当前处于调整期的房地产行业更好进入平稳健康发展轨道。过去杠杆率过高，金融化过度是当前房地产发展面临一定问题的重要原因。因此，合理的金融支持下，应该将资金用在刀刃上，确保相关政策切实起到对房地产市场的支持带动作用，避免房地产行业重回杠杆率过高、金融化过度的老路上来。与此同时，金融支持应坚持市场化、法治化原则，依法合规地满足房地产市场合理的融资需求。

（刊发于 2022 年 11 月 16 日产经版）

房地产代建模式将成新趋势

处于深度调整周期中的房地产行业，在强有力政策支持下有望实现回暖复苏，重回平稳健康发展轨道。与此同时，一些顺应行业新形势的模式，正在从过去的蓄势待发逐步发展壮大，比如房地产行业的代建模式。房地产代建模式也被称为轻资产模式，其特征就是投资和开发相互分离。过去房地产开发企业需要通过大量融资拿地进行房地产开发，代建模式下，代建企业接受投资方的委托，不再融资拿地，而是仅仅部分或者全程参与房地产的设计、开发、管理和服务等环节。代建企业通过专业的管理和服务，输出标准体系、产品体系、品牌体系以及资源体系，通过输出这些资源为委托方带来价值提升。

房地产代建模式有广泛需求。我国提出，为更好解决新市民、青年人的住房问题，“十四五”时期将在人口净流入大城市筹集建设650万套保障性租赁住房，如此规模的保障性租赁住房建设任务为代建模式创造机遇。与此同时，我国仍处在城镇化率提升阶段，农村人口进入城市，城市之间的人口流动，以及随着我国进入城市更新阶段，都将继续产生房地产开发建设任务，大型国有企业、城投公司拿地后的开发建设管理，可以由有丰富开发经验的房地产开发企业以代建模式承接完成。

从国际经验看，专业细化与分工是房地产行业发展的大势所趋，而轻资产代建模式顺应房地产开发细分化趋势。以美国为例，房地产开发每一个细分环节，均有相对应的投资商、开发商、承建商、运营商。且轻资产模式在房地产开发领域较为普遍，有报道显示，美国三大房地产巨头均是以轻资产模式运营。

代建业务成为我国房企应对当前行业调整的新方向。较早进入代建业务的绿城管理集团在轻资产领域已探索10年有余。今年以来，不少房企宣布进军代建业务，如龙湖集团推出“龙湖龙智造”代建业务板块。有统计显示，目前已经有包括一些大型头部企业在内的40余家房地产开发企业布局代建业务。

面对热点城市拿地的高成本，加之当前个别房企出现资金流动性紧张的状况，在资金实力已显不足的情况下，独立拿地开发越来越少，以代建的模式开拓市场不失为一个新选择。今年以来，为地方城投公司提供代建、为出险房企项目进行纾困式代建，是代建市场增量的主要来源。尽管代建业务在整个房地产行业总体占比还不大，但由于其轻资产的特征，能维持较低的杠杆率，使得负债率较低。目前，一些房企的代建业务有相对较为可观的利润率。

发展代建模式有助于开发企业更加专注于提升项目开发效率和品质。代建模式是房地产企业从过去集融资、拿地、开发、建设等功能于一身，向专业和细化分工过渡的体现。由于代建模式具有投资和开发相分离的特征，委托方和投资方专注于控制投资收益和风险，代建方则可专注于项目建设本身，能够集中更多精力提升项目建设品质。

代建模式的发展，需要代建企业进一步提升管理能力以及形成良好的品牌信誉度。业内人士预计，尽管当前一些已经开展代建业务的企业收益尚可，但随着代建领域进入快速发展期，有更多企业进入代建赛道，代建市场规模将进一步扩大，市场竞争也会更加激烈，收益率可能会有所下降。代建企业要在激烈的竞争中胜出，进一步做大做强，需要针对投资主体和购房客户均打造良好的信誉。把开发过程和服务内容标准化，这种标准化将提升整个商业模式效率，能够让投资人、消费者更方便地做出选择，更好地获得收益。同时，既要形成统一的建设和交付标准，也需深入市场满足更广泛的客户需求。作为房地产领域正在发展的一个新方向，地方政府的支持和行业的规范也必不可少。

（刊发于 2022 年 11 月 23 日产经版）

“三箭齐发”助房地产市场企稳回升

11 月 28 日证监会发布消息，决定在股权融资方面调整优化 5 条措施，标志着支持房地产市场融资的“第三箭”已经射出。至此，稳定房地产融资形成了信贷、债券、股权融资的“三箭齐发”态势。在房地产市场出现总体下行、房地产企业资金来源受阻的背景下，近一个月内，金融支持房地产市场政策密集出台。预计这将有助于促进房地产市场盘活存量、防范风险、转型发展，更好服务稳定宏观经济大盘。

房地产业关联很多上下游行业，其良性循环对经济健康发展具有重要意义。房地产市场平稳健康发展也事关金融市场稳定和经济社会发展全局。促进房地产市场平稳健康发展，是稳定宏观经济大盘的重要一环。房地产市场需要企稳回升，也有进一步实现平稳健康发展的基础。海外媒体炒作的中国“房地产危机”和“建筑业衰落”是片面的，我国仍处于城市化的高峰时期和乡村振兴的起步阶段，全社会固定资产投资具有很大增长潜能。因此，“三箭齐发”稳定房地产融资，切实解决房地产行业合理融资需求十分及时。

作为“第一支箭”的“信贷”近期力度不可谓不大。11 月 23 日，中国人民银行、银保监会发出《关于做好当前金融支持房地产市场平稳健康发展工作的通知》，被称为“金融 16 条”。其中明确，将稳定房地产开发贷款投放。

针对前期一些房企风险暴露导致逾期交房，有关部门已出台2000亿元“保交楼”专项借款，支持已售逾期难交付住房的建设交付。在专项借款基础上，人民银行将面向6家商业银行推出2000亿元“保交楼”贷款支持计划，为商业银行提供零成本资金，以鼓励其支持“保交楼”工作。多家银行迅速落实“金融16条”有关要求，近日，陆续有银行与房企签订战略合作协议，统计显示，十数家房企目前已累计获得银行超1万亿元意向性授信额度。

作为“第二支箭”的“民企债券融资支持工具”近期继续推进并有所扩大。在该政策框架下，中债增进公司出具对龙湖集团、美的置业、金辉集团3家民营房企发债信用增进函，拟首批分别支持3家企业发行20亿元、15亿元、12亿元中期票据。实际上，中债增进公司已通过公开业务邮箱收到近百家民营房企增信业务意向。此外，中国银行间市场交易商协会陆续受理龙湖、美的置业、新城控股200亿元、150亿元、150亿元储架式注册发行。万科向交易商协会表达了280亿元储架式注册发行意向，金地递交了150亿元储架式注册发行申请。

“第二支箭”有力引导市场机构改善对民营企业的风险偏好和融资氛围，有效缓解了民营企业信用收缩问题，有助于促进民营企业融资恢复，降低民营企业融资成本。

作为“第三支箭”的“股权融资”在期待中加速落地，其中有的举措取得了政策上的较大突破。5条股权融资方面的调整优化举措包括：恢复涉房上市公司并购重组及配套融资；恢复上市房企和涉房上市公司再融资；调整完善房地产企业境外市场上市政策；进一步发挥REITs盘活房企存量资产作用；积极发挥私募股权投资基金作用。

5条举措十分全面，将有助于兼并重组出险房企，加快化解房地产领域风险，进一步拓宽企业融资渠道。

“三箭齐发”主要针对供给端支持房地产企业和房地产项目融资。值得注意的是，房地产市场想要企稳向好，需要供需两端形成合力，针对购房者的支持政策还需进一步完善，以继续释放需求，促进市场购买力提升。而提升购房者的信心，首先要进一步推进“保交楼”，只有购买的住房能够按时交付，人们才敢于出手购房。同时，因城施策对现有政策进行调整优化也必不可少，如近期西安、成都等城市调整限购区域，杭州明确“认房不认贷”，以及多城市首付和房贷利率下降，都有助于更好满足刚性和改善性住房需求。

需要强调，金融政策加大对房地产领域的支持，旨在为行业和企业纾困，助力行业平稳健康发展，而不是鼓励房地产行业再重回过快增长的老路。很多金融支持政策在条文中明确了重点支持优质企业和将资金用于特定领域等。因此，房地产企业应用好系列金融支持政策，并吸取过去行业发展中存在的杠杆率过高、金融化过度、治理结构失衡等教训，探索新的发展模式。

（刊发于2022年11月30日产经版）

构建租购并举新格局

住房和城乡建设部最新统计数据显示，今年1月份至10月份，全国保障性租赁住房已开工建设和筹集233.6万套（间），占年度计划的98.8%，完成投资1750亿元。截至10月底，全年目标已近完成，这意味着全年保障性租赁住房的建设筹集任务能够顺利完成。重在解决新市民、青年人住房困难的保障性租赁住房承载着这部分人群对实现住有所居的希望，因此，保障性租赁住房建设既要有量的保证，更应注重质的提升，确保让更多新市民、青年人住得进、住得好。

不久前，住房和城乡建设部等三部门出台《关于做好发展保障性租赁住房情况年度监测评价工作的通知》(下称《监测评价》)，这既是有关部门对保障性租赁工作的监测考核，也是对各地推进保障性租赁住房工作的细化指引，有助于督促各地保质保量完成保障性租赁住房建设筹集任务。

从2022年情况看，各地建设筹集保障性租赁住房的热情较高，一些省市提前或超额完成年度建设筹集任务，交上满意答卷。我国明确的住房保障体系顶层设计中，保障性租赁住房是三类住房之一，且是重中之重。自2021年6月《国务院办公厅关于加快发展保障性租赁住房的意见》实施以来，我国保障性租赁住房建设筹集工作取得快速发展。2021 年、2022 年，全国建设筹集 330 万套（间）保障性租赁住房，大约可解决近 1000 万新市民、青年人的住房困难。预计整个“十四五”期间，40 个重点城市将建设筹集 650 万套（间）保障性租赁住房，可解决近 2000 万新市民、青年人的住房困难。

未来，租购并举将改变我国现有的住房供给格局。按照《监测评价》，新市民和青年人多、房价偏高或上涨压力较大的大城市，“十四五”期间新增保障性租赁住房占新增住房供应总量的比例达到 30% 及以上，方能获得该分项的满分 10 分。从这一比例不难看出，未来人口净流入的大城市中，保障性租赁住房在新增住房供应中将占有较大比重。住房租赁可成为更多年轻人解决居住问题的首选，特别是在房价高企的大城市，如果租房住足够方便舒适，可以为更多年轻人减轻买房压力。

保障性租赁住房的来源逐步拓宽，为确保完成建设筹集目标提供了有力支撑。保障性租赁住房的房源愈加广泛，除了利用集体经营性建设用地、国有企事业单位利用自有闲置土地建设外，很多城市鼓励将存量建筑通过转换用途改建成保障性租赁住房。如将产业园区中闲置的写字楼改造成公寓或宿舍。此外，旅馆、厂房、仓储、科研教育等非居住存量房屋，在符合规划原则、权属不变、满足安全要求、尊重群众意愿的前提下，也尝试改造为保障性租赁住房。一些城市还在存量房地产开发房源较多的前提下，鼓励将开发商及居民持有的存量房源转化为保障性租赁住房。存量改建盘活了闲置资源，增加了保障性租赁住房的供应，既利于改善民生，也有利于增强经济活力。

金融领域对于保障性租赁住房领域的支持，有助于保障性租赁住房的长期可持续发展。发展住房租赁往往是前期投入大，而成本回收慢，获得持续的资金支持必不可少。《监测评价》明确，引导市场主体加强与金融机构的沟通对接，加大对保障性租赁住房建设运营的金融支持力度，当获得信贷、REITs（不动产投资信托基金）、专项债等资金支持的保障性租赁住房建设项目数占需要资金支持的保障性租赁住房建设项目总数的比例达到100%时，取得该分项的满分5分。也就是说，政策鼓励保障性租赁住房项目积极争取资金支持。今年，保障性租赁住房REITs加速落地，持续扩容。金融主管部门负责人多次表态，将加快打造REITs市场的保障性租赁住房板块。这对于盘活保障性租赁资产可谓意义重大，对于后续融资渠道的拓展具有非常积极的作用，能激活更多市场化机构参与发展保障性租赁住房。

党的二十大报告提出，加快建立多主体供给、多渠道保障、租购并举的住房制度。随着各项利好政策频出，创新性举措发布，保障性租赁住房取得了良好发展态势。相信在各方共同努力下，保障性租赁住房将迎来更加快速的发展，租购并举的新格局将给人们的居住生活带来积极影响和变化。

（刊发于2022年12月14日产经版）

有效防范化解房地产领域风险

刚刚结束的中央经济工作会议指出，要确保房地产市场平稳发展，扎实做好保交楼、保民生、保稳定各项工作，满足行业合理融资需求，推动行业重组并购，有效防范化解优质头部房企风险，改善资产负债状况，同时要坚决依法打击违法犯罪行为。要因城施策，支持刚性和改善性住房需求，解决好新市民、青年人等住房问题，探索长租房市场建设。要坚持房子是用来住的、不是用来炒的定位，推动房地产业向新发展模式平稳过渡。

本次会议对房地产行业风险化解和可持续发展作出重要部署，为做好 2023 年房地产市场相关工作指明了方向。房地产链条长、涉及面广，无论对居民生活和财产、宏观经济循环和产业链稳定、政府财政、金融市场的影响，都有重要的作用。当前和今后一个时期，要把促进房地产市场总体平稳健康发展放在更加突出的位置，使得房地产稳定在促进明年经济运行总体回升上发挥更加积极的作用。

中央经济工作会议强调，“有效防范化解重大经济金融风险”。而化解房地产业风险是有效防范化解重大经济金融风险的重中之重。去年下半年以来，我国房地产市场明显走弱，近几个月来出现加速下滑，成为影响经济运行中一个重大风险因素。房地产行业占 GDP

的比重为7%左右，加上建筑业则占到14%；土地出让收入和房地产相关税收占地方综合财力接近一半，占城镇居民家庭资产的六成，房地产贷款加上以房地产作押品的贷款，占全部贷款余额的39%，对于金融稳定具有重要影响，是外溢性较强、具有系统重要性的行业。前期的宏观调控已经化解了大涨的风险，现在加速下滑已成为主要矛盾，房地产行业亟须止跌。

未来，要给供给端提供更强有力的政策和资金支持。房地产行业资金链吃紧，甚至有企业出现资金链断裂的问题，自去年下半年以来表现相对明显。近一段时间，金融主管部门多次提及满足房地产行业合理融资需求并积极出台相关举措。“金融支持房地产16条”政策落地使得金融领域对房企的资金支持力度明显加大。信贷、债券、股权融资三箭齐发为房地产行业释放大量资金支持，将有力支撑行业重组并购，也将在有效防范化解优质头部房企风险、改善资产负债状况等方面起到积极作用。预计房地产金融支持政策将进一步发力，给行业提供足够流动性。

妨碍消费需求释放的限制性政策将进一步优化，以期更好挖掘住房消费潜力。改善购房者及各方对房地产市场的预期，对于房地产市场的良性循环有重要意义。当前，预期偏弱仍是房地产市场面临的难题。购房者担心买房后不能按时交房，因为目前已经有不少逾期交房的先例。因此，千方百计推进“保交楼”工作，不仅是确保购房老百姓的权益，更是让购房者对市场有良好预期的关键所在。房地产相关政策也要加大力度更好满足刚性和改善性需求，特别是过去为了抑制市场过热的一些限制性政策，可能已经不再适应当下的市场情况，就需要适当放松，取消相关限制，甚至变限制为鼓励。业内人士普遍认为，改善性需求占比在市场上日益增多，而这方面的政策还有调整优化的空间。住房消费需求的释放还包括结合落实生育政策和人才政策，解决好新老市民、青年人等住房问题；鼓励加大保障性租赁住房供给，发展长租房市场；合理增加消费信贷，支持住房改善等消费。刚性和改善性住房需求的金融支持力度也将加大。

房地产业向新发展模式平稳过渡需以中长期治本之策应对。促进房地产业健康发展归根结底需要改革完善房地产相关土地、财税、金融等基础性制度。租购并举将是新发展模式的重要方向。我国将多渠道增加市场化长租房和保障性租赁住房供给，这将产生新的市场发展机遇。同时，我国将推动房地产企业转型发展，摆脱多年来“高负债、高杠杆、高周转”模式，房地产行业将从“三高”模式进入市场规模相对小一些，但平稳发展的阶段。未来，房地产市场供求关系、人口变化、城镇化格局，包括城市群都市圈、城市更新、再城市化等方面的变化，都将对房地产市场产生深层次影响。因此，房地产相关政策也应结合未来发展趋势，以促进行业向新发展模式平稳过渡。

“房住不炒”定位应长期坚持。针对房地产行业供给端、需求端的相关政策旨在促进行业企稳回暖，保持总体稳定。应注意市场的发展不能偏离“房住不炒”定位，要以稳市场主体为重要抓手，以稳民生为落脚点。“房住不炒”不应也不会突破，是需要长期坚持的政策定位。

对于房地产行业的发展，我们既要看到眼前的困难，更应坚定信心。我国城镇化率仍有较大提升空间，刚性和改善性住房需求潜力很大。近期密集出台的政策措施将逐步见效，各项政策措施还将继续完善，从供给端、预期和需求端，以及促行业新模式转型等方面不断发力。只要认识到位，工作到位，持续抓好，房地产风险可以化解，市场可以实现平稳发展。

（刊发于 2022 年 12 月 21 日产经版）

促进房地产市场平稳健康发展

2022年对房地产市场来说，注定是极不平凡的一年。全年房地产市场延续了2021年下半年以来的下行态势，近几个月来出现加速下滑，成为影响经济运行中一个重大风险因素。房地产是国民经济的支柱产业，对经济增长、就业、财税、居民财富、金融稳定都有重要影响。展望2023年，各方应在进一步落实现有调控举措基础上，扎实做好保交楼、保民生、保稳定各项工作，有效防范化解房地产领域金融风险，进一步从供需两端加大政策力度，预计房地产调控政策仍有进一步发力空间。

回首2022年，房地产市场持续下行，多项房地产指标下滑明显。2022年1月至11月，全国房地产开发投资下降9.8%，商品房销售面积同比下降23.3%，房地产开发企业到位资金同比下降25.7%，房地产开发景气指数今年以来持续下降。11月份，商品住宅销售价格环比总体延续降势，一些房企在2022年面临流动性困难。应该说，2022年我国房地产市场一直在寒冬中徘徊。无论是房地产开发企业，还是房地产产业链中各个环节的企业，都面临不小困境。房价下行的城市较多，购房者观望情绪浓厚，房地产市场的良性循环受到阻碍。

与市场持续下行相对应的是，旨在促市场企稳回暖的房地产调控政策不断出台。12 月 26 日，东莞宣布进一步优化房地产调控政策，解除限购，加强限售，可以看出，政策目的在于支持刚性和改善性住房需求，同时坚持“房住不炒”。实际上，今年以来，各地“因城施策”“一城一策”，很多城市都松绑过去的限制性政策，促进房地产市场企稳的政策可谓应出尽出，包括放松限购、限贷、限售、限价，以及调整住房公积金政策，出台“一人购房全家帮”等鼓励政策，出台棚改房票安置政策，减免住房转让税费，发放住房补贴等举措。

针对一些房地产开发项目逾期难交付，有关部门和各地方政府积极推进“保交楼”保障购房者权益。全力以赴“保交楼”有助于重塑市场信心。有关部门针对已售逾期难交付的房地产开发项目，推出较大规模的政策性银行专项借款正在落地见效。进入 11 月份，房地产金融政策不断，央行、银保监会推出“金融 16 条”。随后，信贷、债券、股权融资“三箭齐发”支持房地产市场平稳健康发展。本轮房地产调控的特点是从供需两端齐发力，既有针对需求端限制性措施的放松，以及降低首付和房贷利率等举措，又有针对供给端房地产开发项目和房地产企业拓宽资金来源的支持措施。

房地产市场在过去 20 多年经历了飞速发展，对经济增长的支撑作用十分明显。近一年多以来的房地产市场调整，教训十分深刻。过去房价上涨过快，风险积聚，住房在一些城市出现供需失衡。对于许多购房者而言，更看重住房的投资属性，居民负债率上升过快，住房在居民财富的占比一直居高不下。同时，行业也形成了高杠杆、高负债、高周转的模式，房企也因此在本轮调整过程中暴露了风险，防范和化解房地产领域金融风险，已经成为有效防范和化解重大经济金融风险的重要内容。

应充分认识到，未来房地产市场需要进一步发展，也有继续实现平稳健康发展的空间。有人认为，到现在这个阶段，房地产市场不会再有太多发展机遇了，这种认识是片面的。房地产始终是国民经济的支柱产业，其链条长、涉及面广，对于金融稳定具有重要影响，是外溢性较强、具有系统重要性的行业。同时，我国城镇化率仍有较大提升空间，刚性和改善性住房需求潜力很大。

针对当前房地产行业的下行态势，需采取更大力度政策举措，支持房地产行业平稳健康发展。近期密集出台的政策措施逐步见效的同时，相关调控政策仍有进一步完善的空间。需要研究出台新的政策举措，改善房企资产负债，有效增加住房供给。还需研究中长期治本之策。深入研判房地产市场供求关系、人口变化、城镇化格局，包括城市群都市圈、城市更新、再城市化等，研究推动房地产业向新发展模式平稳过渡，摆脱多年来“高负债、高杠杆、高周转”模式。

我们有理由相信，房地产市场经过一段时间深度调整，在多重政策作用下，在经济发展总体向好的大背景下，有望走出低谷，进入平稳发展阶段。

（刊发于 2022 年 12 月 28 日产经版）

房地产市场企稳关键在需求复苏

房地产市场在2022年经历了深度调整的一年。这一年，无论是房地产开发投资，还是销售面积、销售额，以及房价等指标均出现了同比明显下降。不少购房者面临已购住房难以交付的窘境，更多消费者在市场下行时观望情绪浓厚。2023年的房地产市场会企稳回暖吗？房地产市场该如何告别寒冬？

2022年，伴随市场下行，从中央到地方，房地产调控政策密集出台，特别是临近年末的一两个月，多项金融政策持续发力，意在为市场注入源头活水，从供需两端助市场企稳。展望2023年，无论是供给端对企业和房地产开发项目的资金支持，还是各项促进住房消费的举措，只有最终转化成需求的复苏，也就是产生实际的销售量，市场才能真正打破沉寂，重回良性循环轨道。

房地产市场企稳回暖，我们应抱有信心。房地产始终是支柱产业，带动作用强，对于金融稳定具有重要影响，是外溢性较强、具有系统重要性的行业。推动经济运行整体好转需要房地产市场企稳做支撑。房地产市场历经20余年的发展，在近一年半的时间里经历深度调整，正在从高负债、高杠杆、高周转向新发展模式过渡。我国城镇化率仍有较大提升空间，刚性和改善性住房需求潜力很大。更为重要的是，在经济韧性强、潜力大、活力足，各项政策效果持续显现，2023年经济运行有望总体回升的大背景下，房地产行业也有望随着宏观经济回升走出低谷。我们需要房地产市场平稳健康发展，它也有进一步实现发展的空间和机会。

市场复苏，需要促进住房消费特别是支持住房改善消费的政策力度进一步加大。2022年，各地促进住房消费的政策力度加大。从购房补贴到买房送赠品，到降低首付和房贷利率，再到限购、限贷、限售等各项限制性政策的取消和优化以及相关税费优惠。促进住房消费的各项政策逐步落地见效，有望逐步增加消费者购房意愿。

尽管如此，促进住房消费仍有一定空间。业内人士呼吁，当前改善性需求逐年提升，这部分人群资金状况良好，贷款信誉优质，可以针对改善性需求出台降低首付和房贷利率等优惠政策将这部分需求更好释放。也有人呼吁将一些相对热点城市的限制性政策进一步优化和放松，同时降低热点城市改善性需求的首付和贷款利率。从目前看，热点城市特别是一线城市房地产调控政策的调整仍相对谨慎，需要更好兼顾促进住房消费和“房住不炒”。

对于供给端的支持有望传导至需求端，形成购房者对未来的乐观预期，从而实现需求复苏。回首2022年房地产市场，房地产开发项目和房企资金链紧张的现象不断增多。房企缺钱，房子就容易烂尾，商品房预售制之下，一旦买了房难交付，购房者自然不敢出手购房。确保已售商品住房按时保质交付一直是中央和各地房地产相关政策的重要着力点。只有保交楼，才可能让消费者恢复信心。从政策性银行的保交楼专项借款，到“金融16条”支持房地产市场平稳健康发展，再到信贷、债券、股权“三箭齐发”支持房地产市场融资，金融政策不断为房地产市场资金状况改善注入强劲动力。而供给端的一系列强有力的支持，在切实改善房企和房地产项目资金状况的同时，也让购房者对房地产市场的未来产生信心。预计在保交楼取得实质性进展之后，消费者对购房的观望情绪将得到改善，一段时间以来积压的需求也有望逐步释放，形成实际销售量。

很多人会问，2023年是购房的好时机吗？过去，房价飞涨，房地产市场中投机性需求旺盛，投机需求占比高。随着房地产市场逐步进入平稳发展轨道，“房子是用来住的，不是用来炒的”理念深入人心，人们购房也更加理性。未来，买房子的多是有真正居住需求，且对住房品质有更高要求的人。毋庸讳言，除了居住需求外，房价的变化趋势也是购房者选择购房时机的重要因素，“买涨不买跌”是购房者自然而然的心理。当前，不同城市间房地产市场的分化仍十分明显，即使是在同一座城市，市场的涨跌也会随着各种因素的变化而不断调整。房价飞涨的时代已经结束，经历深度调整后有望逐步企稳，进入平稳健康发展轨道。因此，购房者购房更多考虑的还是个人需求和居住品质。

（刊发于2023年1月4日产经版）

释放改善性住房需求势在必行

2022 年底的中央经济工作会议提出，支持住房改善等消费。因城施策，支持刚性和改善性住房需求。日前，住房和城乡建设部部长倪虹接受媒体采访时也表示，2023 年将大力支持刚性和改善性住房需求。对购买第二套住房的，要合理支持。以旧换新、以小换大、生育多子女家庭都要给予政策支持。当前和今后一个时期，促进改善性住房需求的释放，将是需求端助力房地产市场企稳回暖的重要举措。

何为改善性住房需求？通常购房家庭购买首套住房时，解决的是住房从无到有的刚性需求。首次置业的购房者往往年龄不大、资金有限、家庭人口少，无论是选择住房方位还是居住面积，都重在满足基本居住需求。随着年龄增长、结婚生子，以及资金积累逐步增多，对住房的需求也不断变化，有的家庭希望以旧换新、有的需要以小换大、有的需要把房子换到孩子学校附近等，这些换房需求通常为改善性需求。

支持住房改善消费，进一步释放改善性需求势在必行。近一年多来，我国房地产市场处于深度调整周期，国家统计局刚刚公布的 2022 年 12 月商品住宅销售价格变动情况统计数据显示，70 个大中城市中，新建商品住宅销售价格环比下降城市有 55 个，比上月增加

4个；二手住宅销售价格环比下降城市有63个，比上月增加1个。价格环比下降的城市数量继续增多，在一定程度上反映出当前购房者观望情绪仍较为浓厚。房地产市场企稳对于宏观经济的总体回升有重要意义，促进住房消费健康发展特别是支持住房改善消费，是恢复和扩大消费的重要内容。较好释放改善性需求，将有助于改善房地产企业面临的流动性困境，对于防风险稳市场都很关键。

改善性需求正逐步提升。随着我国城镇居民户均住房套数超过1.1套，整体告别住房短缺，居民对住房的需求也从“有没有”向“好不好”转变。有研究表明，从北京住房交易的成交结构看，“卖旧买新”或“卖一买一”已经占到总成交比重的55%左右。在很多城市，改善性购房的比重正逐年增多。贝壳研究院的研究表明，35岁至45岁购房群体是以改善性需求为主的核心人群。据该机构数据，50个重点城市改善性购房占比由2020年的26%提高到2022年的30%。开发企业也发现，即便在2022年市场处于深度调整状态，一些优质改善性房地产项目反而取得了十分亮眼的销售业绩，这折射出市场的结构性变化和信心。基于此，想要进一步释放住房消费，启动改善性需求人群的消费能力可能是重中之重。

合理释放改善性需求，降低改善性需求的置换成本仍有空间。促进改善性需求入市，可以从降低改善性需求购房门槛、优化换房置业流程、加大对改善性需求税费优惠力度等方面着手。

基于“认房又认贷”以及普通住宅的标准限定，住房改善的门槛相对较高。2022年以来，调控政策的调整和优化，有助于降低改善性需求购房成本。比如，一些城市对“认房又认贷”政策进行了调整，即对于拥有一套住房并已结清相应购房贷款的家庭，为改善居住条件再次申请贷款购买普通商品住房，执行首套房贷政策。这样的政策能够为改善性购房者减轻改善压力，已有不少城市“因城施策”取消“认房又认贷”，预计还会有城市进一步跟进。

近来，对于多子女家庭的住房支持政策也多了起来，政策主要目的亦为支持这些家庭的改善性需求。如湖南长沙近日明确，依法生育两个及以上子女的长沙市户籍家庭，可在原有家庭限购 2 套的基础上增加 1 套购房指标。

2022 年下半年以来，多个城市推出了“带押过户”，即对于存在抵押贷款的二手房实现不用先还清原来的房贷就可以完成过户、抵押、发放新贷款。此举节省资金成本，缩短置业周期，同样有助于释放改善性需求。“带押过户”有望在更多城市推广。

同时，还可以通过加大税费补贴力度减轻购房者负担。当前，一些城市出台了减免契税或给予消费补贴的举措，但这些减免更多是针对新建商品房。为了进一步畅通换房链条，助力“以旧换新”，或可给予二手房更多的契税优惠或消费补贴。

实际上，有改善性需求的家庭不管是收入水平还是抗风险能力都较高。因此，可根据实际情况优化对改善性需求的支持。相比于购买首套住房，购买二套住宅无论是首付比例还是房贷利率都更高，可以在实现风险可控的基础上适当降低首付比例和房贷利率，通过降低改善性需求的购房成本合理引导促进改善性需求的进一步释放。

（刊发于 2023 年 1 月 18 日产经版）

市场复苏力量正在积蓄

新春伊始，房地产市场初露企稳端倪，回暖复苏的各方面力量正在积蓄。

房地产产业链条长、涉及面广，对国民经济具有重要影响。房地产市场的作用决定其将为宏观经济企稳贡献重要力量，反过来，宏观经济持续向好，也成为房地产市场各方主体增强发展信心的重要前提。当前房地产市场面临的重要难题是预期不稳，稳地价、稳房价、稳预期是一项长期任务。房地产自身特点决定了稳预期在“三稳”中尤为重要，多年来的实践也表明，预期稳，地价、房价才能稳，才能够形成良性循环、促进市场平稳运行。如何稳预期？近年来，“房住不炒”逐渐深入人心，投机炒房得到有效遏制，保护了合理消费，夯实了房地产市场健康发展的基石。市场朝着平稳健康发展方向迈进，各方主体对房地产行业有信心。

实现预期好转，重要的两个群体一是购房者，二是房地产开发企业。对于购房者而言，宏观经济向好，对房地产市场就有信心。随着疫情对经济以及工作生活的影响逐步减弱，居民收入逐步提升，按揭贷款的还款能力增加，自然出手购房的意愿更强烈。对于开发企业而言，其资金来源主要是房屋销售回款和融资。购房者有信心，开发企业的信心也将随之回升，当前融资环境也在日益向好。购房者和开发企业的信心提升，是市场联动好转的基础。

未来的市场规模也构成预期的一部分。从长远看，每年销售13亿平方米左右仍然是很大的需求规模。我国仍然处在城镇化持续发展阶段。2022年，我国常住人口城镇化率比上年提高了0.5个百分点，达到65.22%，但是与发达国家80%左右的水平相比仍然不高，有提升空间。2022年我国新增城镇人口数量巨大，这也成为房地产行业未来的发展潜力。不可否认的是，我国房地产市场已从快速增长阶段进入平稳发展阶段，难以再维持过去曾达到的每年18亿平方米的商品房销售规模。国家统计局的数据显示，2022年，商品房销售面积为135837万平方米，比上年下降24.3%。但每年销售13亿平方米对市场仍有相当大的支撑作用，这是房地产市场发展的有利条件。

从市场反应看，已经出现了一些积极信号。2022年，一系列积极调控政策为市场的企稳回暖提供了支撑。2022年12月份，房地产相关指标降幅收窄，出现新变化，12月当月房地产开发投资降幅比11月收窄了7.7个百分点，商品房销售面积、销售额、到位资金、房屋新开工面积等指标降幅也不同程度收窄。进入2023年，不少城市房地产市场成交量有增长趋势。今年春节期间，一些城市的新房项目到访量与去年春节相比有所修复。尽管当前仍处于调整阶段，相信随着相关政策落地见效，2023年房地产市场将会逐步发生积极变化。

稳预期、防风险、促转型将是2023年房地产市场平稳健康发展的关键。2023年，政策的精准性协调性将继续促进房地产市场企稳。关键是要尊重规律，尊重实际，以更大力度精准支持刚性和改善性住房需求，提升市场信心，努力形成供需基本平衡、结构基本合理、价格基本稳定，同经济社会发展相协调、同住宅产业发展相协调，严控投机炒房的格局。进一步通过保护契约和产权来稳定预期。针对涉及188万居民的2600多个已付款未交付项目，继续推进“保交楼”，使市场避免恐慌。

注重防范化解风险，房地产市场才能平稳健康发展，经济才能行稳致远。针对当前存在的问题，大量输血，改善房地产企业的流动性，主要包括商业银行提供贷款、为房企发债提供担保、促进股权融资等。放松在房地产市场过热期间采取的管制措施，扩大有效需求，使房地产公司具备造血功能。通过“抓两头、带中间”，以“慢撒气”的方式，防范化解风险。“一头”抓出险房企，帮助企业自救，并依法依规处置，房企不能保交楼的就不能再买地，再搞新开发。“一头”抓优质房企，一视同仁支持优质国企、民企改善资产负债状况。

房地产行业的转型势在必行，应努力摒弃“高负债、高杠杆、高周转”旧有模式的弊端，向新发展模式平稳过渡。预售制改革应努力探索现房销售。应从过去解决“有没有”向“好不好”转变，加大力度提高住房品质。住房和城乡建设部提出，将建立房屋安全长效机制，这将让房屋全生命周期安全管理有依据、有保障。

（刊发于2023年2月1日产经版）

大力推动商品房现房销售

不久前召开的全国住房和城乡建设工作会议上，住房和城乡建设部部长倪虹的一句话引起业界关注：“有条件的可以进行现房销售，继续实行预售的，必须把资金监管责任落到位，防止资金抽逃，不能出现新的交楼风险。”主管部门明确提及现房销售，表明未来，实行多年的商品房预售制度面临较大改革空间，现房销售或将成为大势所趋。

现房销售与商品房预售制是两种不同的销售方法。商品房预售制是企业将正在建设中的商品房预先出售给买受人，并由买受人提前支付房款的一种销售方式。现房销售是一手交钱一手交房；预售则是先交钱后交房。取消商品房预售制改为现房销售的呼声之所以一直存在，与预售制带来的一些弊端有关。比如预售制下，有可能出现延迟交付，甚至形成烂尾楼，一旦开发商资金紧张甚至资金链断裂，购房者既不能按时收房，预交的购房款也难以追回。又比如房屋质量问题，此前房款已付，从原理上而言，消费者很难再有约束开发企业提升房屋质量或者遇到交房质量问题时促其整改的砝码，一旦出现房屋质量问题，购房者可能更容易面临维权难。

当前，推进商品房预售制逐步向现房销售过渡的时机进一步成熟。毋庸置疑，在我国住房制度改革至今20多年时间里，商品房预售制度为推进我国房地产市场发展壮大，解决城镇居民住房短缺功不可没。商品房预售制条件下，拿地仅几个月就开始销售，与现房销售需要两三年建设周期相比，房地产开发企业可以早早回笼销售资金，缩短贷款期限，有利于降低资金成本，提高开发效率。然而商品房预售制也与过去房地产开发高杠杆、高周转、高负债“三高”模式紧密相连。同时，我国商品房总体短缺的时代已基本结束。房地产市场发展从“有没有”向“好不好”转变。房地产开发企业“三高”模式的弊端日益显现，难以为继。房地产行业降“三高”的需要，使得商品房预售制改革箭在弦上。

实际上，近年来一些城市对于现房销售多有探索，积累了经验。无论是行业政策还是地方政府，都能看到一些推进现房销售的努力。公开资料显示，山东省济南市 2022 年现房销售面积 174 万平方米，尽管现房销售面积仅占全市商品房销售面积的 14%，但实现了同比增长 55%。鼓励现房销售的举措更多出现在土地出让环节。如有的城市在土地拍卖时增加竞现房销售面积的环节，当竞买报价达到土地合理上限价格后，转入“竞现房销售”面积，由现房销售面积最高者中标。有的城市还对期房和现房的销售指导价给予区分，现房销售指导价略高于期房销售指导价，客观上为房企的资金成本给予了一定“补偿”。目前，北京、杭州、济南、西安、福州、合肥、宁波等城市开始出现现房销售试点。从各地传出的消息看，多省份将进一步推进现房销售。如山东、安徽等省份明确表态，2023 年将因地制宜鼓励有条件的地方开展现房销售试点。

现房销售有利于保护消费者权益，但对房地产开发企业经营能力是个挑战。对比期房供应的不确定性，现房销售在购房时所见即所得，有助于确保房屋质量，减少购房纠纷，对开发企业的交付行为进行约束，有利于“保交楼，稳民生”。对开发企业而言，现房销售回款周期拉长带来的现金流压力会有所加大，这无疑会增加资金成本，有可能影响开发企业的利润。随着大形势的改变，特别是行业正由高速发展进入平稳发展阶段，开发企业也应从更加注重开发速度、依赖金融杠杆，转而向提升开发品质、提高企业经营管理能力要效益。

现房销售不能一蹴而就，更适宜逐步过渡。当前房地产市场正在积蓄各方面力量力求企稳复苏，如果现房销售切换得过快，就可能会不利于企业缓解资金链吃紧的困境。因此，现房销售可以找准时机，因城施策，逐步推广。

预售制在短期之内还是主要销售模式的背景之下，应优化商品房预售资金监管。对于预售资金，既要管好也要用好。一方面，必须把资金监管责任落到位，防止资金抽逃，不能出现新的交楼风险；另一方面，也要优化预售资金监管，如在充分评估房地产企业信用风险、财务状况、声誉风险等的基础上，商业银行可与优质房地产企业开展保函置换预售监管资金业务，支持优质房地产企业合理使用预售监管资金，防范化解房地产企业流动性风险。

（刊发于 2023 年 2 月 8 日产经版）

警惕购房“零首付”“首付贷”风险

在多措并举促进房地产市场企稳回升的过程中，多地降低购房首付比例，有利于减轻购房者资金压力，促进住房合理消费。但是，购房首付比例不是没有下限的，不能打着复苏楼市的旗号，让“零首付”“低首付”“首付贷”等违规操作卷土重来，这些行为一旦再度盛行起来，不仅扰乱房地产市场秩序和金融秩序，也会给购房者带来沉重的负担，消费者须警惕“零首付”“首付贷”等购房风险。

近期，个别城市又传出可以使用“零首付”“首付贷”购房的消息。比如，销售人员针对购房者首付款不足的情况，引荐相关企业与购房者签订无息借款合同，购房者分期还款，相关企业垫付购房首付款，销售人员赚取渠道费。例如，在有的热点城市，开发商打出“首付仅需30万，开发商送60万不用还”的广告吸引购房者，计算下来，相当于购房者仅需一成首付即可购房。

这些把首付一降再降，看似“便利”消费者的行为其实是违规的，“低首付”“零首付”购房早已被明令禁止。当前，一些非热点城市为促进住房合理消费，规定购买首套住房的首付比例最低降至20%，尚没有发现比20%的规定更低的城市。一些热度相对高些的城市购买首套住房的首付比例仍至少在30%。在一线等热点城市，房屋总价高，根据房屋等情况综合衡量有贷款金额限制时，即使是购买首套住房，首付比例实际会比规定的下限更高些。

早在几年前，有关主管部门就出台政策，明确禁止房地产开发企业、房地产中介机构违规提供购房首付融资。房地产开发企业、房地产中介机构不得为购房人垫付首付款或采取首付分期等其他形式变相垫付首付款，不得通过任何平台和机构为购房人提供首付融资，不得以任何形式诱导购房人通过其他机构融资支付首付款；且房地产广告中也不得出现融资或者变相融资内容。一些城市出台的相关房地产政策中，也有首付分期将受处罚的内容。

从购房者的角度看，“零首付”“首付贷”短期可能缓解了资金周转压力，却并没有降低购房成本。“零首付”“首付贷”往往须借助首付款高息垫付、虚高评估价骗贷等非常规操作实现。一旦使用首付贷，后续除了支付银行贷款的月供额度之外，还需要支付首付贷部分的月供，从而大大增加消费者贷款利息及按揭月供款的负担。即使有“首付贷”零利息，也需要额外支付渠道费给介绍贷款的销售人员，无形中增加了购房成本。“零首付”“首付贷”等操作不但让本不满足购房条件的消费者背负了更沉重的还款负担，也破坏了金融秩序。

还须注意的是，“零首付”涉及的部分违规操作无法在合同中明确约定，即使约定，其有效性也难以被法律认可，一旦房地产企业无法兑现承诺，很可能会给购房者造成经济损失，购房者追债索赔将面临各种困难，大大增加了购房风险。

与贷款相关的风险还指向已经购房的消费者利用经营贷、消费贷等贷款置换房贷的操作。随着经营贷利率持续走低，当前出现了一些违规“贷款中介”，以“利率低”“期限长”“放款快”诱导消费者借“过桥资金”结清房贷，再办理“信用贷”“经营贷”归还过桥资金，从而谋取高额中介服务、资金过桥费用，使购房者陷入违规转贷的多重风险中。

经营贷的发放主体是个体工商户或小微企业，不得违规用于购房、结清房款、偿还其他渠道垫付的房款，违规使用将会被提前收回贷款，如伪造经营资料获得贷款，还可能被追究刑事责任。且借款人在提前结清购房按揭贷款，重新申请经营贷过程中，极有可能被中介诱导或强制借用过桥资金，支付过桥资金费用、中介服务费用等，实际综合成本甚至可能超过银行房贷利率，得不偿失。

对于购房者而言，应增强风险意识，警惕不实宣传，依法合规办理贷款、还贷业务，这不仅是遵守法律和维护金融秩序的体现，而且更重要的是保护自己的合法权益不受侵害。

（刊发于 2023 年 2 月 22 日产经版）

老旧小区改造利于扩内需

老旧小区改造不仅是民生工程，更是一项发展工程。2022年年底的中央经济工作会议提出，要把恢复和扩大消费摆在优先位置；增强消费能力，改善消费条件，创新消费场景；要通过政府投资和政策激励有效带动全社会投资；鼓励和吸引更多民间资本参与国家重大工程和补短板项目建设。实践证明，老旧小区改造应该成为当前和今后一个时期扩大内需的重要支撑。高质量推进老旧小区改造，有助于为推动经济运行整体好转贡献力量。

老旧小区改造量大面广，是城市更新的重要一环。我国提出，到“十四五”时期末，结合各地实际，力争基本完成2000年年底前建成的需改造城镇老旧小区改造任务。2022年，我国常住人口城镇化率为65.22%，城市发展已经从“有没有”向“好不好”的城市更新阶段转变。城镇老旧小区改造正是城市更新的重要内容之一。并且，老旧小区改造正在逐步摒弃“就小区论小区”的惯性思维，拓展改造实施单元，积极推进相邻小区及周边地区联动改造，从片区层面统筹推进服务设施、公共空间共建共享。持续深入推进好城镇老旧小区改造，有利于更好发挥城市更新对经济社会发展的带动作用。

老旧小区改造能够通过政府投资和政策激励带动全社会投资。

来自住房和城乡建设部的最新数据显示，2019 年至 2022 年，全国累计新开工改造城镇老旧小区 16.7 万个，惠及居民 2900 多万户，完成投资 6600 多亿元。2019 年至 2022 年，中央财政共安排补助资金 3300 多亿元，支持发行地方政府专项债券 3400 亿元。住房和城乡建设部会同人民银行、银保监会指导政策性开发性银行和商业银行，重点对社会力量参与改造项目给予融资支持。

老旧小区的带动作用日益凸显。以重庆市南岸区南坪正街新街片区为例，吸引社会资本共计 8000 多万元投资养老、托幼等服务设施，带动居民出资 350 余万元用于加装电梯、室内装修等改善型生活需求。广州市越秀区旧南海县社区老旧小区改造项目 2018 年投资 3000 万元实施改造后，2019 年至 2021 年居民自发装修、出租房屋带动了 7500 万元投资和消费，又新引入了数十家培训、餐饮、民宿等企业，带动社会投资和消费 1 亿元。

老旧小区改造有助于扩大居民消费。老旧小区改造能够拉动居民进行户内改造装修、购置家电家具，增加社区生活服务消费等跟进消费，促进了养老、托育、餐饮、便利店等社区服务业发展，激发了老旧社区的经济活力。

居民是老旧小区改造出资主体之一。老旧小区改造正努力建立改造资金政府与居民、社会力量合理共担机制。按照谁受益、谁出资原则，老旧小区改造积极推动居民出资参与改造，避免政府“大包大揽”“无限兜底”。居民出资一方面能够缓解老旧小区改造的资金压力，另一方面也能增强居民的参与度，让改造方案更好体现居民意愿。老旧小区改造中，居民出资主要以电梯加装、门窗更换、户内管线改造为主。居民出资比例则可根据实际情况由参与出资的各方商议决定。比如在广东省 2020 年至 2021 年城镇老旧小区改造总投入的97亿元中，居民个人投入主要是加装电梯出资，共17.9亿元，占18%；重庆市则是明确了居民出资比例，加装电梯出资50%、屋面防水改造出资30%、油烟净化器安装出资不低于50%、雨棚改造全额出资。

社会力量以市场化机制参与老旧小区改造，有助于老旧小区改造的良性运转和持续推进，也拓宽了经济增长的空间。资金来源始终是老旧小区改造的关键问题之一。老旧小区改造不仅有前期投资问题，还有偿还贷款以及后续管理问题。吸引社会力量参与老旧小区改造，能够拓宽资金渠道，形成长效可持续机制，并为相关企业的发展带来更广阔机遇。

当前，专营单位、房地产企业、物业服务公司、国有平台等社会力量正参与城镇老旧小区整体改造，水电气热信等专营设施单项改造，以及养老、便利店等社会服务设施改造建设，社会力量正成为老旧小区改造的重要支撑。2022年，湖南省社会力量共出资69亿元，占当年到位资金的比例为32.3%。

城市更新特别是老旧小区改造对房地产企业而言，可以成为转型方向。对不少企业而言，能够从老旧小区改造中寻找到更多发展机遇。老旧小区改造积极探索“物业+养老”服务模式的过程中，物业服务企业可以拓展定制养老等服务，物业服务企业还可搭建平台，吸引专业企业参与加装电梯、增补养老服务设施等。

（刊发于2023年3月1日产经版）

夯实房地产市场企稳回升基础

伴随春天的脚步，房地产市场也传出阵阵暖意。房地产多项指标的线型图由持续多月的下行转为上扬，不少人用“小阳春”概括当前市场形势。房地产业2022年增加值占GDP的比重为6.1%，其企稳回升有助于稳定宏观经济大盘。也应看到，房地产市场仍处于调整阶段，平稳健康发展的根基有待进一步夯实，各项促进房地产市场企稳回升的政策举措须进一步细化精准并落到实处。唯其如此，房地产市场平稳健康发展才可持续。

在很多城市，售楼处看房的购房者增多，中介服务人员的带看量加大。国家统计局的数据显示，今年前两个月，全国房地产开发投资增速同比下降5.7%，降幅明显收窄；商品房销售面积和销售额分别同比下降3.6%和0.1%，降幅均大幅收窄，其中住宅销售额实现正增长，与去年同期相比增长3.5%；房地产开发企业到位资金增速以及房地产开发景气指数均有明显回暖；70个大中城市商品住宅销售价格环比上涨城市个数继续增加，各线城市商品住宅销售价格环比总体上涨。

今年开年以来出现复苏行情之前，房地产市场经历了长达一年半左右的低迷甚至是明显下行。因此，当前的企稳复苏态势来之不易，应该把这一趋势稳定住。近两个多月以来的房地产市场复苏在一二线城市和热点三线城市表现得更为明显，在一些三四线城市和县城，市场销售仍然略显疲态，各项指标回升不及一二线城市明显。基于市场分化这一常态，更须因城施策、精准施策。即便在出现“小阳春”的城市中，成交情况也在波动，在个别城市，经历了销售量的小顶峰之后，近期又有回落趋势。市场企稳复苏的根基尚不牢固，须在政策上持续发力，采取更多措施积极促进住房合理消费。

持续促进房地产市场企稳回升，须继续抓好“保交楼”，稳定市场信心。2022 年，随着一些房地产企业资金链吃紧状况加剧，不少城市出现了已购逾期难交付项目。如果按时交付不能实现，不仅损害购房者利益，还会极大影响购房者对市场的信心。随着金融支持住房相关政策的推进，特别是去年有关部门积极推进政策性银行保交楼专项借款，保交楼工作不断取得积极进展。日前，中国房地产业协会还向全行业发出“保交楼”行动倡议，各省市房协和房地产开发企业积极响应。随着交付状况持续好转，市场主体的信心将继续修复。

持续促进房地产市场企稳回升，须进一步从供需两端发力完善相关调控政策。回顾今年以来的房地产市场回暖过程，一方面是由于新冠疫情防控取得决定性胜利，防控政策优化和调整后，需求的集中释放；另一方面也得益于各地房地产调控政策以及金融支持政策的持续发力。从政策落实情况看，购买首套住房的大力支持政策，购买二套住房的合理支持政策，已经出台并正在落实见效。对房企应继续采取积极措施改善优质房企的资产负债状况，满足合理融资需求；对购房者应进一步调整优化限制性措施对住房消费的抑制作用，适时推出合理举措以更大力度支持刚性和改善性住房需求。

持续促进房地产市场企稳回升，须不断挖掘市场潜力。房地产市场中的刚需和改善性需求，是促进市场平稳健康发展的着力点。而改善性需求，应该被寄予更多期望。当前我国城镇化率已达65.2%，尽管随着城镇化率的继续增长，城市新增常住人口仍将不断增加，但增长速度较过去或将有所下降。相对应地，房地产业中改善性需求的潜力相比刚需可能更为突出。改善性需求不仅需要新建住宅越建越好，也需要存量住宅越改越好。

不能忽视的是，房地产市场的企稳回升，是牢牢坚持“房子是用来住的，不是用来炒的”定位的企稳回升。个别心存侥幸的购房人在看到房地产市场出现企稳态势后，又在寻找投机炒作的机会，试图继续通过贷款，甚至是低首付“加杠杆”买房。有的甚至手握多套住房，一旦月收入难抵月供，将造成房贷断供风险。购房者加大杠杆动炒房的心思实不可取。近日，金融监管部门部署开展为期六个月的不法贷款中介专项治理行动，违规帮助他人套取经营贷、提供基于购置房屋等多种中介服务的违法行为正是重点打击目标。因此，“房住不炒”不是一句口号，是促进房地产市场平稳健康发展的根本遵循，也是指导我们住房消费行为的一条基本准则。

（刊发于 2023 年 3 月 22 日产经版）

房地产仍是“大行业”“好行业”

3月份，众多上市房企集中发布了2022年财报。众所周知，2022年是房地产行业经历困境的一年，也是行业进行深度反思和调整的一年。财报数据更直观地体现了企业的经营状况，在公布财报的房地产企业中，多数房企业绩明显下滑或出现亏损，仍保持增长势头的仅为少数。

不过，从上市房企召开的业绩说明会中传递出的信息可以看出，随着今年年初市场出现复苏态势，一些房地产企业正在从资金链吃紧状态和经营困境中走出，他们对于房地产市场和行业的信心正在恢复，房地产市场温和复苏的态势有望进一步巩固。

企业在寒冬中艰难前行，也在反思中收获成长。国家统计局的数据显示，2022年商品房销售面积和销售额分别下跌24.3%和26.7%。从2022年房企年报中不难发现，企业出现利润下滑是较为普遍的现象，众多房企呈亏损状态，其中不乏知名企业。

面对前所未有的挑战，仍有一些房企积极克服困难，稳经营，降负债，取得了来之不易的业绩。如万科营业收入和净利润均实现正增长，是2022年为数不多两项指标均正增长的企业；碧桂园债务规模和融资成本实现“双降”，2022年到期债务全部偿付，财务状况保持稳健。

房地产行业普遍达成的共识是，房企“高周转、高杠杆、高负债”的“三高”发展模式已成过去式，未来不能再一味追求规模扩张，而是更看重项目质量和资产质量，同时，将练好内功向经营要效益。

市场分化日益凸显，企业对未来的布局相对集中。不少房企对当前市场的核心印象是分化，不仅企业经营状况有差异，城市间差异也十分明显。当前一二线城市复苏态势更明显，而三四线城市和县城等区域市场活跃度仍相对较低。由此，房企在布局上也纷纷持续向重点一二线城市、长三角、大湾区、中西部重点城市等区域和城市靠拢。基于当前的向好趋势，一些企业表示将在销售状况改善、回款顺畅的同时，较为积极地拿地。不过，也将更加注重把握投资节奏，未来将不再多点开花，而将更加理性、慎重和聚焦。

企业对于房地产行业的信心越来越足。信心来源于对我国经济社会发展长期向好的判断。随着疫情防控取得决定性胜利，经济复苏各项支持政策的落地，经济运行活力正加速提升。

信心来源于房地产行业仍然是“大行业”“好行业”。房地产市场将进入市场规模相对小一些、平稳发展的阶段。尽管行业规模较过去相对小一些，但全年营业额仍然能够达到 10 万亿元以上，市场规模仍足够大。城镇化进程仍处于加速推进过程，进城居民刚性需求得到较好满足，同时随着人们对美好居住生活的需求不断升级，改善性需求将越来越多。

信心来源于各项支持政策不断加码。各地因城施策，房地产支持政策仍在不断调整优化。去年以来的金融支持政策极大改善了房企的资金状况，有助于企业从资金困境中走出来、挺过来。

企业将进一步探索房地产行业新发展模式。房地产企业纷纷表示，将紧跟国家政策导向，把握行业发展大趋势，积极介入工程代建、老旧改造、保障房建设、住房租赁等业务来丰富收入结构。

企业当下更加注重“多条腿走路”。过去，对于房企而言房地产开发是理所当然的“大头”，如今，随着市场形势的变化和需求的多元化，行业不再对住宅开发过于依赖，开发、经营、服务并重是大势所趋。一些企业的经营性收入已创历史新高，商业运营、租赁住房、空间服务、智慧营造等运营业务和服务业务正在为房地产企业贡献较为可观的运营性收入。

总体而言，房地产市场已出现复苏势头。随着各项政策落地见效，以及房企自身积极努力，化解债务风险、保交楼均取得积极进展。相信在今年房地产行业稳增长、控风险、促需求目标的引领下，房地产温和复苏态势将进一步持续，房地产行业将在稳定宏观经济大盘中发挥重要作用。

（刊发于 2023 年 4 月 5 日产经版）

像造汽车一样建房子

能不能像造汽车一样建房子？这个话题近日引发热议。不久前，住房和城乡建设部负责人提出，住房领域可以从四个方面向汽车产业学习：在设计上像智能汽车一样以科技赋能住宅；在建造上像造汽车一样造房子；在使用上像汽车一样建立房屋体检和保险制度；在服务上像汽车 4S 店一样搞好物业服务。“房子向汽车学习”这一崭新思路，为我们拓宽了住房领域未来发展趋势的认知。

当我们谈论住房，常常想到的是什么时候买房，房价是涨了还是跌了，自己的住房增值了吗……其实，随着我国住房供求总体平衡、房价过快上涨的阶段已经基本结束，“房住不炒”理念已深入人心，人们正从过去追求拥有更多套住宅，向更加注重居住品质转变。除了房价、地段、住房面积等话题之外，今后人们关注更多的会是谁家的房子更优质。在过去 20 多年住房商品化市场化发展阶段，住房数量增长较快，但高品质的住宅不在多数。未来，住房领域将朝着更加智能、精细，相关制度以及配套服务日益完善的方向发展。

科技在改变我们生活方方面面的同时，也让我们的居住生活更加智能和绿色。有新科技助力，房子可以根据主人的需要自动调节房屋的通风、采光、温度、湿度，使室内环境更加舒适。科技也会让房子更安全，通过电子设备实现事故预警。当信息技术进入家庭和楼宇，以及“数字孪生城市”等理念引领整个城市的数字化发展，数字家庭、智慧社区、数字城市建设会让我们的生活更加智慧和便捷。“光储直柔”建筑被很多业内专家视为未来绿色建筑的发展方向，在屋顶铺设太阳能光伏发电装置，将太阳能转化为电能，建筑便成了一座绿色发电厂，可以满足建筑内的用电需求。科技将日益造福我们的居住生活。一些房地产企业对科技赋能住房建设和住宅绿色发展早有布局，智能化和绿色化的住宅产品有望大大提升这些企业的竞争力。

像造汽车一样建房子，住宅产业化将取得长足发展。大力发展装配式建筑，使房子标准化设计、工厂化生产、装配化施工、一体化装修，既有利于老房子的更新改造，方便维修更换部件，又可以减少环境污染，提升劳动生产率和质量安全水平。如今，住房建筑领域有了越来越多的装配式工厂，由于建筑的绝大多数建造步骤已经在工厂完成，其余的只需要运输到施工现场完成拼装即可。在有些工程中，相比传统建造模式，施工现场可免湿作业，整个建造施工过程可实现节水 70%，零污水排放；免焊接等工序，可节电 70%；免搭脚手架，可减少 80% 的建筑垃圾；建筑材料可拆卸、可回收、可循环利用率达 90%。装配式建筑和模块化建造是大势所趋。装配式建筑在整个新建建筑中的占比逐年提升。装配式建筑、建筑机器人、建筑产业互联网等一批新产品、新业态、新模式初步形成。

体检和保险制度有助于形成房屋安全长效机制。我们习惯于定期对汽车进行保养，却很少听说对住宅进行保养和维护。实际上，我国存量房屋规模大、老龄化凸显、安全隐患突出。对住房的体检和养护应该是城市更新的重要内容。住房和城乡建设部提出，建立房屋定期体检制度，按照房屋的建成年代、功能类型确定体检的频次，及时查找和发现问题，体检出来的问题也就是房屋更新改造的重点，可以有针对性地提出整改措施，消除安全隐患。同时要建立房屋保险制度，以市场化手段推动完善工程质量和房屋安全监管的体制机制。推动完善房屋体检、养老、保险等制度，让房屋全生命周期安全管理有依据、有保障，将有助于我们居住安全感的提升。

配套和服务的完善应该是好房子的重要标准。近些年，我国正在开展完整居住社区建设、15 分钟便民生活圈建设，这不仅需要完善养老设施、托幼设施以及餐饮等设施，更需要优质的服务作为支撑。好的服务离不开好的物业服务。随着人们对美好居住生活需求的日益提升，物业企业在提供“物业服务 + 社区生活服务”，推动物业、健康、养老、育幼、家政等生活性服务业的融合等方面有更加广阔的发展空间。

（刊发于 2023 年 4 月 12 日产经版）

成都楼市企稳的启示

跟踪一些城市的房地产市场变化情况不难发现，今年以来，成都房地产市场较为活跃。即便是在2022年全国房地产市场总体进入调整周期，处于下行通道时，成都楼市总体相对平稳，在众多城市中的表现引人关注。今年以来，在国家统计局的70个大中城市住宅销售价格变动情况统计数据中，成都新建商品住宅和二手住宅价格均涨幅居前。截至今年3月份，成都新建商品住宅价格和二手住宅价格环比均连续15个月增长。成都楼市呈现较为明显企稳态势的原因几何？又带给我们哪些启示？

从今年以来成都楼市的成交情况看，较低总价、面积相对小的住房成交更多。这表明，刚需在经历了一定时间的观望后纷纷入市。今年以来成都房地产市场表现更为抢眼的是二手房市场，成都二手房市场中低总价、小面积住房更多，新建住宅则是高总价、大面积更多。二手住宅的成交活跃将改善性需求传导到新建住宅，带动新建住宅销售也不甘落后。

销售回暖有助于房地产开发企业回款，缓解资金压力，也有利于房企恢复市场信心，土地市场也迎来了积极变化。今年以来成都两次土地拍卖中的7宗土地均顺利成交，且一些较为热门的地块吸引数十家企业报名竞拍。

成都房地产市场目前重回较为顺畅的良性循环轨道，离不开去年以来成都持续优化房地产调控政策。成都在人才购房、公积金提取、自有住房出租购房资格、多孩购房资格、父母投靠落户购房资格、二手房带押过户等方面均有所调整。金融支持政策也同步跟进，购房首付和房贷利率的调整降低了购房成本。

房地产市场的发展与人口和产业关系密切。

人口是决定一座城市房地产市场规模及结构的重要因素。截至2022年末，成都全市常住人口为2126.8万人，是我国第四个常住人口超越2000万人的大城市。且成都市的人口是净流入状态。2022年底，成都市常住人口数量比2021年增加7.6万人，增长0.4%。基础大、人口数量正增长带来的是住房需求量的稳定，可以视作成都房地产市场平稳发展的良好基础条件。

经济发展活力能够成为增强一座城市吸引力的重要方面，也有力支撑房地产市场发展。经济发展越快，质量越高，越能够吸纳更多就业，吸引人才落户。2022年，成都市的GDP为20817.5亿元，位列全国城市第七。成都被认为有良好的发展前景，第三产业人口占比较高，现代服务业增势较好，正抢抓“成渝地区双城经济圈”“成都都市圈”等战略发展机遇等。近年来城市建设和城市更新加速推进，创造了更多高质量的城市公共区域和空间，城市的品质在稳步提升，想必也给这座城市加分不少。

看眼前，一段时间以来房地产市场的企稳离不开调控政策的支持；望长远，人口和产业的发展状况在相当程度上决定了一座城市房地产市场的未来发展总体趋势。在一些三四线城市和县城，过去几年存在脱离人口和产业发展实际盲目上马房地产项目的状况，导致供给过剩。由此可见，房地产市场的发展规划应更加科学合理，紧跟人口变化和经济社会发展实际，避免土地浪费和房地产市场开发的无序与过度。

看到包括成都在内的一些城市楼市又活跃起来了，一些人觉得，此时不入市，是否又“踏空”？错失本轮房价涨幅红利？这种投机炒作房地产的念头难免蠢蠢欲动。包括成都在内的很多城市，今年以来市场中仍以刚需和“卖旧买新”的改善性需求为购房主力。市场的发展瞬息万变，随着房地产市场发展阶段的变化，投机的风险越来越高。应该看到，众多调控政策旨在促进市场的企稳回升，我们希望的企稳回升，是坚持“房住不炒”的企稳回升，是防止市场大起大落的企稳回升。

成都房地产市场的企稳回升是众多城市房地产市场呈现积极变化的一个缩影。市场出现积极变化得益于供需两端的改善，保交楼扎实推进、房企合理融资得到改善等因素带动市场主体信心恢复，持续出台的房地产调控政策正在落实见效。也应看到，当前市场分化依然明显，在一些三四线城市和县城，市场活跃度仍不高。房地产市场的长期平稳健康发展，还需要进一步建立长效机制，推动房地产业向新发展模式平稳过渡。

（刊发于 2023 年 4 月 19 日产经版）

房企转型试水经营服务业务

今天我们在讨论房地产行业要加速转型之时，一些企业已提早布局业务，历经几年的积累成绩已显现，比如不少企业越来越看中的经营服务业务。通俗来说，过去房企主要靠搞房地产开发赚钱，经营服务业务则是靠经营管理不动产以及提供物业服务来赚钱。过去，住宅开发一直以来都是房企的核心和主营业务，而商业综合体、酒店、写字楼、长租公寓等的经营管理以及物业经营服务业务，只是锦上添花。如今，传统住宅开发业务增长规模遭遇“天花板”，将经营服务业务作为“第二增长曲线”成为一些企业的必然选择。

拓展经营服务业务是行业成长的新机遇。基于我国人口流动和住房改善的需求及速度，房地产市场仍有每年 10 亿平方米以上的新建商品住宅开发空间，仍是“大市场”。但是，随着城镇化率达到一定高度，房地产市场增速放缓，摆脱对住宅开发较为单一的依赖已成行业共识。当“高杠杆、高负债、高周转”的“三高”模式走到尽头，经营服务业务能创造长期、稳定的回报，风险低、抗波动能力强的优势越发凸显。随着城市更新的推进，以及人们对美好居住生活需求的不断提升，对物业服务的要求也越来越高。租购并举成为必然趋势，长租房、保障性租赁住房正在积极推进，不少房企正发挥自身优势，以长租房经营管理者的身份紧跟住房租赁发展大潮寻找发展机遇。此外，完整居住社区建设、养老服务等领域，也都可以成为房企拓展经营服务业务的方向。

经营服务业务已显现出较好成长性。过去几年，一些房企在经营服务业务中布局探索，经历了"不挣钱""交学费"的等待，走过重投入、低回报的"隧道期""蛰伏期"，如今渐渐"开花结果"。数据显示，万科 2022 年经营服务业务收入 512.6 亿元，同比增长 23.1%。万科预计，其经营服务业务收入在 2023 年仍将实现两位数增长，且从 2022 年的零利润开始进入利润正增长阶段。龙湖是经营服务业务增长明显的另一家企业。龙湖商业综合体的"天街"品牌已经越来越为人所熟知，商业运行已经被龙湖视作 2022 年业绩的压舱石。2022 年，龙湖经营性业务的运营及服务利润占比已达 27%，他们对未来 5 年非地产开发利润占比达到 50% 以上有信心。

经营服务业务的拓展是房地产新发展模式的有益探索。推动房地产业向新发展模式平稳过渡是当前和今后一个时期的重要任务。经营服务业务的这些方向均顺应经济社会发展的新需求。推动房企向经营服务业务过渡，有助于企业拓展收益来源，更好摆脱对传统路径的依赖，是向新发展模式平稳过渡的较好选择。

经营服务业务正面临良好的政策环境。在促进传统商业的繁荣和扩大消费、城市更新、保障性租赁住房、长租房发展、完整居住社区建设、物业服务、养老服务等领域，国家出台了众多鼓励支持政策。资金支持政策也日益完善，随着物流、商业、保障性租赁住房 REITs 和不动产私募投资基金的开展，经营性不动产实现了"投融建管退"闭环，相信会有越来越多的资金愿意进入经营服务业务领域。

向经营服务业务转型也可以有不同路线。当前，行业内已经呈现出对于经营服务业务的多元化布局，进而通过业务间的协同服务客户。比如，不仅为客户提供办公空间，还提供物业服务，配合租赁住房乃至提供智能化设备等。这样的多元化布局往往有复合增长的优势，客户因为房企有多元化的布局从而多项业务均选择与一家企业合作。大企业往往有这样的底气和优势进行经营和服务业务的多元化布局。未来也会有一些企业基于自身既有的基础和优势，重点专注在某一项业务，或是商业地产经营、长租房经营，或是物业服务、养老服务等，形成特色和品牌。

向经营服务业务转型也面临诸多挑战。经营服务业务往往战线长、收益慢，用业内人士的话来讲赚的是长钱、小钱、辛苦钱。比如长租公寓经营，前期需要有整体租赁、装修、人力等的投入，经营过程中也需要管理和维护，租金回报则是一个缓慢的过程。对于习惯了大出大进的房地产企业而言，开展经营服务业务需耐得住寂寞。对于布局商业综合体的房企而言，仍然面临如何更好创出品牌，走差异化发展路线，以及互联网时代与网络销售争夺流量的问题。房地产开发与经营服务业务有一定差异，房企在转型的同时应做好人才的培养和储备。

（刊发于 2023 年 4 月 26 日产经版）

巩固房地产市场企稳回升势头

历经一年多总体下行趋势后，今年一季度，房地产市场迎来可喜的企稳回升势头。也应该看到，前期积压的购房需求较为集中释放后，最近一些城市成交量出现小幅回落。市场小幅波动属正常现象，同时也表明，房地产市场持续企稳的根基尚不牢固。因此，要以更有效举措巩固房地产市场企稳回升势头。

积极促进房地产市场企稳回升，是稳定宏观经济大盘的需要。房地产相关贷款占银行信贷的40%，房地产相关收入占地方综合财力的50%，居民财富的60%都用在住房上。一季度，房地产市场各方信心加快恢复，出现积极变化，交易活跃性上升，多项指标与去年四季度相比出现边际好转。这表明，稳经济大盘，稳定房地产政策逐渐显效。因此，应进一步保持房地产调控政策的稳定性和延续性，并因城施策继续优化相关举措。

市场信心恢复对市场企稳十分关键。近期有些城市房地产交易量有所回落，应视为需求集中释放后的自然调整，市场修复过程中短期上下波动是正常现象，当前房地产市场整体仍处于温和复苏阶段。从长远看，基于我国人口流动和住房改善需求，市场潜力仍很大，应增强对房地产长期平稳健康发展的信心。

业内人士认为，在经济转为正常增长后应尽快开展房地产税试点。近期，我国全面实现不动产统一登记，很多人将其视为房地产税征收开始的信号。并就此担心，房地产税一旦征收，持有房产的成本就会增加，如果持有人选择卖掉手中房产，市场供应量加大，房价有所下降，市场会走向低迷。应明确的是，不动产统一登记并不意味与房地产税开始征收有必然联系。2022 年 3 月，财政部曾表示，房地产税改革试点依照全国人大常委会的授权进行，一些城市开展了调查摸底和初步研究，但综合考虑各方面的情况，今年内不具备扩大房地产税改革试点城市的条件。房地产税改革试点是否推进，仍须综合考虑各方面的情况。

下一步，将继续助力市场企稳回升。各地将进一步“因城施策”“一城一策”，调整优化房地产调控措施。如广东潮州市最近明确，首次买一手住房，可提取公积金支付首付款，此举能减轻购房者筹措资金的压力。河北承德市明确，三孩家庭首次申请住房公积金贷款，最高额度 100 万元，体现购房政策对多孩家庭改善性需求的支持。一线城市的房地产市场调控政策一直备受关注。不久前，北京市明确，“多子女家庭和职住平衡家庭购房支持政策按照‘一区一策’的方式由房山区试点”，这表明政策持续重点关注刚需和改善性住房需求，会对其他一线等热点城市提供参考借鉴。

当前，房地产调控政策还有进一步细化的空间。保交楼对市场信心恢复仍十分重要，只有确保购房人按时拿到所购房屋，观望者才敢买房，各地还须继续扎实推进保交楼。一些城市降低限购门槛、调整限购区域，对市场恢复起到了带动作用，未来各地有望进一步优化限购举措。金融政策对房地产市场的作用十分明显，有观点认为“房地产短期看金融”。实际上，去年下半年以来出台的“金融 16 条”以及“三箭齐发”等专门针对房地产市场的金融支持举措，均为今年以来市场企稳复苏奠定了重要基础。金融政策仍将在供需两端发力，既更好满足房企合理融资需求，又支持刚需和改善性住房需求，更多城市可能通过下调房贷利率等举措降低购房者成本。

不过，房地产调控政策“既管冷又管热”，我们期望的房地产市场复苏是防止大起大落的复苏。对于绝大多数城市而言，当前首要任务是企稳，把有些冷的市场焐热。而对于一线等热点城市而言，有关政策的调整则需谨慎决策，在有过热苗头时政策需及时转向。不久前，广东深圳市出现“取消二手房指导价”的传闻。深圳市二手房指导价举措已实施两年，主管部门对二手房源标注交易参考指导价，银行按照指导价确定购房贷款额度，这项调控措施对于深圳购房者“降杠杆”，平抑市场过热状态起到了明显作用。传闻终归是传闻，目前，一度在二手房交易平台上看不到的二手房交易指导价又重新标注，也就是说，“二手房指导价”政策仍在继续执行。一线等热点城市的政策调整需慎之又慎，一旦放松会不会让市场重回过热状态？需要政策制定者根据市场情况细致衡量。

（刊发于 2023 年 5 月 3 日产经版）

房地产经纪新规带来哪些利好

住房和城乡建设部、市场监管总局近日出台《关于规范房地产经纪服务的意见》(下称《意见》)。房地产经纪行业重磅新规对于购房者而言，最直接的利好就是经纪服务费可能要降了。以买房为例，购买一套总价 500 万元的住房，不同经纪公司服务费率有差异，以 2% 计算，经纪服务费用达 10 万元。总价越高，经纪服务费越高。降低经纪服务费用有助于减轻购房者资金负担，盘活市场。

房地产经纪服务在促进二手住宅交易和住房租赁发展方面发挥了重要作用。近年来，房地产经纪服务企业也积极向新房销售领域进军。随着房地产经纪服务行业的发展，在二手住宅买卖交易和住房租赁的交易中，通过房地产经纪服务达成交易的占比日益增多。有统计显示，经由房地产经纪人完成的房屋销售与租房交易额占比超过 50%，大城市经纪服务的渗透率更高。二手住宅交易是经纪机构的主要服务内容。当前二手住宅交易量日益攀升，在一线城市，二手住宅交易量已经远超新建住宅，这样的城市还在增加。买卖双方通过经纪服务达成交易的占比也将继续增多，市场对经纪服务的依赖不断提升。

然而，房地产经纪服务还面临诸多问题，部分房地产经纪机构存在利用房源客源优势收取过高费用、未明码标价、捆绑收费、滥用客户个人信息等问题，加重交易当事人负担、侵害其合法权益，规范房地产经纪服务势在必行。

《意见》明确提出“房地产经纪机构要合理降低住房买卖和租赁经纪服务费用”。这表明，政策明确回应了购房者降低经纪服务费用的呼声。按照新规，房地产经纪服务企业将适度降低收费标准。降低经纪服务费用，减轻购房者的资金压力，有助于盘活存量住房，更好释放刚性和改善性住房需求，畅通房地产市场良性循环。

经纪服务费用收取多少较合理？新规中并未“一刀切”，而是强调“房地产经纪服务收费由交易各方根据服务内容、服务质量，结合市场供求关系等因素协商确定”。这体现了规范房地产经纪服务政策的刚柔并济。既针对费用偏高的问题明确要“合理降低”，也兼顾了促进房地产经纪行业可持续、健康发展，保护行业发展积极性。

经纪服务费用的降低有助于减轻购房者资金压力。新规提出，“鼓励按照成交价格越高、服务费率越低的原则实行分档定价”。按现行办法，费率只设一个档位，购房价格乘以费率为经纪服务费用。按照价格越高、服务费率越低的原则分档定价后，预计成交总价较高的房产交易，经纪服务费降低得更明显。同时，《意见》提出引导由交易双方共同承担经纪服务费用。现在较为通行的做法是买家负担全部经纪服务费用，买卖双方共同承担后，也能减少购房者一部分支出。

《意见》中明确的“引导由交易双方共同承担经纪服务费用”，可能将行业引向单边代理模式。我国现行的模式是双边代理，一个经纪人服务买卖双方，既应该替卖家把房子卖高价，也应该替买家争取最低价。“一手托两家”其实是有矛盾的，会有少数人强行促成交易拿佣金的情况。单边代理模式仅为买方或者卖方一方提供更为科学合理的服务，有助于提升经纪服务质量，促进行业规范发展。

值得关注的是，新规出台不是对房地产经纪行业的限制和打压。有人觉得，经纪服务费降了，将给房地产经纪行业带来打击。其实，过高的经纪服务费可能会对住房交易产生抑制作用，不利于市场良性循环，市场不好，经纪服务行业的发展也同样会受阻。此次新规不仅关注经纪服务费用问题，还在加强从业主体管理，规范签订交易合同，加强个人信息保护，提升管理服务水平，加大违法违规行为整治力度等方面提出明确要求，这是房地产经纪服务规范发展的新框架，有助于维护良好的房地产市场发展秩序，促进市场平稳健康发展。总而言之，房地产经纪服务的日益规范，买卖双方以及出租、承租双方都将受益，行业的健康发展也将更加可持续。

（刊发于 2023 年 5 月 17 日产经版）

从居住品质评判房子标准

你对现在居住的房子满意吗，你住的是好房子吗？我们对房子的追求正在从有没有向好不好转变。过去，房子稀缺，钱包也没那么鼓，买房出于基本的居住需要。后来，很多人更看重房子的升值空间，不管质量如何，周围环境怎样，只要能升值就是好房。当房子逐渐告别了稀缺，房价结束了快速上涨，房地产市场进入平稳发展阶段，我们再谈论房子，将更多从居住品质评判好与坏。

好房子需要在好小区、好社区、好城区。人们普遍认为，地段好、户型方正、南北通透、全明户型、大面宽、装修精致的房子就是好房子。其实，我们的居住生活不仅限于房子内部，房子的外部环境，能够享受到的服务，都是居住品质的一部分。毋须讳言，过去 20 多年，房地产市场飞速发展，但房屋建造质量较高的住宅并不多。很多老房子、老小区依然存在环境脏乱差、物业服务缺失等问题。

好房子要有好的社区质量和物业服务。改造后的老旧小区焕然一新，自然也可以成为人们心目中的好房子。我国正在推进完整居住社区建设，当我们走出小区，走向社区，能够轻松享受到托幼、托老以及各项便利的生活设施、休闲场所、绿色空间，居住品质将会大大提升，好社区能为房子加分。从好房子到好小区、好社区、好城区，是我国城市建设进入高质量发展的重要表现。

好房子是绿色环保健康的。根据绿色建筑的评价标准，绿色住宅应该满足节能、节材、节水等各项要求，减少住宅建造和使用过程中的能耗和排放。随着社会进步，绿色理念深入人心，越来越多的人们愿意为绿色环保和健康的住宅“买单”，践行绿色环保理念已逐渐成为生活方式的一部分。一些绿色环保的设计和建造，能够提高我们的居住舒适度，甚至还能在住宅使用阶段减少能耗支出。

租到一处好房子，同样是住上了好房子。对于新市民、青年人而言，好房子的定义或许就是更加稳定的租赁关系。我国始终存在“售卖一条腿长、租赁一条腿短”的问题，住房租赁市场发展不完善。租购并举正在成为房地产新发展模式的重要内容，住房租赁将在解决居民居住问题上发挥日益突出的作用。近年来，国家持续加大保障性租赁住房建设力度，加大租赁住房供给，着力解决人口净流入大城市新市民、青年人居住问题。保障性租赁住房是我国住房保障体系中的“重头戏”，它让新市民、青年人租到一处好房子变得更轻松。

建设好房子，应该明确标准，打造样板。我国住房存在整体性能和综合品质不高、空间适应性差、卫生间漏水反味、房间隔音差、收纳空间不足和适老设施不全等问题。未来，应该破解住宅质量通病难题，全面提升住宅品质与综合性能，提高住房建设和改造标准。还可以在建筑设计师中开展住宅设计和住宅改造大赛，让优秀的住宅设计和改造方案更多应用到居民住宅中。

建设好房子，应该不断完善政策体系，发挥引领作用。应该看到，系统推动高品质住宅建设的政策体系还有进一步完善空间。通过加强顶层设计，完善高品质住宅建设、保修等方面的政策体系，有效引导市场开发高品质住宅的动力和积极性，也能提升居民对品质住宅的知晓度和认可度。还可以研究建立房屋体检、养老、保险三项制度，为房屋提供全生命周期安全保障。

为老房子“治病”，将既有房屋改造成好房子同样是大有可为的。我国正在大力推进老旧小区改造，通过各地的实践，逐步形成可复制政策机制清单。但也存在市场参与难度大、改造后管理难等问题。老旧小区在改造中，应积极动员专营单位、房地产企业、物业服务公司等社会力量，参与城镇老旧小区整体改造，水电气热信等专营设施单项改造，以及养老、便利店等社会服务设施改造建设。积极吸引社会力量全链条参与改造项目策划、设计、融资、建设、运营、管理。

安居才能乐业。我们希望住上更好的房子，从好房子到好小区、从好小区到好社区、从好社区到好城区，进而使城市的规划更好、建设更好以及治理更好，我们的城市才将更宜居、更韧性、更智慧。

（刊发于 2023 年 5 月 24 日产经版）

发展保障性租赁住房应规划先行

2021 年，我国首次明确了国家层面住房保障体系的顶层设计——国家住房保障体系以公租房、保障性租赁住房和共有产权住房为主体。保障性租赁住房是其中的“重头戏”，主要解决符合条件的新市民、青年人等群体的住房困难问题，以建筑面积不超过 70 平方米的小户型为主，租金低于同地段同品质市场租赁住房租金。保障性租赁住房是我国住房保障体系中一个较新的制度。近期召开的中央政治局会议提出，规划建设保障性住房。“规划”二字值得着重强调。各地在筹集建设保障性租赁住房时，须规划先行，尽量避免只看重数量，搞筹集建设数量简单的逐级摊派，宜在努力完成数量目标的同时，确保发展质量，更注重实效，在供给上更加契合新市民、青年人的需要。

在确定筹集建设数量时，应科学规划保障性租赁住房的规模。保障性租赁住房是解决大城市住房突出问题的重要抓手，近年来，一些城市积极响应，发挥主体责任，初步拟定发展计划。据介绍，“十四五”时期，全国初步计划建设筹集保障性租赁住房近 900 万套（间），预计可解决 2600 多万新市民、青年人的住房困难，预计可完成投资 3 万亿元左右。值得注意的是，在落实和细化规划时，筹集建设数量应来自城市和区域发展实际需求，根据地区经济社会发展程度、产业发展规划以及人口流入的数量科学确定，避免地区间盲目简单的数量攀比，逐级摊派建设任务。

保障性租赁住房建设在完成数量的同时，更应重视供给质量。应在规划阶段就树立高标准，确保良好居住品质。保障性租赁住房大多利用存量土地和存量房屋改造而来，哪些房屋适合改造，所选的地段是否有相应的数量需求，都应提前调研规划好。如果所选地点不合适，易造成运营后出租率低，闲置多，从而造成资源浪费。因此，选址应尽量做到促进职住平衡，并且是公共交通便利的地方。

保障性租赁住房应加强配套设施规划和建设。配套设施如果不完善，同样易导致出租率低。保障性租赁住房的筹集和建设，应同步加大基础设施建设力度，尽量确保市政基础设施和相关配套同步开工、同步交用。

保障性租赁住房的规划应公开透明。安居才能乐业，这一类租赁住房出现后，有望大大提升租赁市场，也就是租赁关系会相对稳固，有望减轻新市民、青年人频繁搬家的担忧。保障性租赁住房的发展受到广泛关注，各地应公布其发展规划，每年的建设计划和完成情况也宜及时让公众知晓。

保障性租赁住房规划建设应避免重建设，轻管理；重筹集，轻服务。新市民、青年人住得进，更应住得好。各地宜细化出租和运营管理细则，明确准入和退出的具体条件、小户型的具体面积标准以及低租金的具体标准，并抓好落实，确保保障性租赁住房符合小户型、低租金、面向新市民和青年人供应的要求。同时防止上市销售或变相销售，严禁以保障性租赁住房为名违规经营或骗取优惠政策。对于入住后的物业服务，各地也应加强规划，并充分发挥市场机制作用，提升服务质量，提高入住满意度。

保障性租赁住房规划建设应更好发挥市场机制。与公租房主要是政府投资建设不同，在保障性租赁住房建设中，政府的角色是给予政策优惠，引导多方主体积极参与，最突出的优惠是土地不花钱，从而引导多方主体有钱出钱、有地出地、有力出力，真正形成多主体供给、多渠道保障。政府给予政策支持，能够降低建设和运营成本，有助于引导更多的房地产开发企业和租赁企业发展保障性租赁住房。而从实践看，目前还存在对发挥市场机制重视不足，或办法不多、效果不佳等问题。应该让企业实实在在享受到政策优惠，充分调动积极性，有助于提高建设效率。

一座城市，青年人有希望，城市才有未来。解决青年人、新市民的住房问题是各级政府的职责所在，也是提高竞争力实现可持续发展的必然要求。对于发展保障性租赁住房，各级政府须更好发挥主体责任，切实规划建设好保障性租赁住房。

（刊发于2023年5月31日产经版）

房地产市场企稳还需一些耐心

房地产市场在今年第一季度有较为明显的复苏迹象。但到了4月份、5月份，这种态势并未得到更好延续。从国家统计局的数据看，4月份70个大中城市住宅销售价格环比整体涨幅回落，价格环比上涨的城市有所减少。从市场反响看，5月份的市场活跃度与第一季度相比仍然不高。

当前，房地产市场仍处于调整期，对于4月份、5月份的回落应理性看待。2023年之前，房地产开发企业陆续出现资金链吃紧状况，加之疫情对施工进度的影响，新建商品住宅一度难以按时交付。市场明显下行，购房者观望情绪浓厚。2023年第一季度，很多城市都出现了销售量和销售价格的双升，如今的回落，当视为企稳回升过程中出现的正常波动。有关部门和各地持续出台支持政策，放松购房限制，减轻资金压力，加大金融支持，而政策的落地见效需要一定时间。我们应该给房地产市场的企稳回升以及持续平稳健康发展更多耐心和信心。

其实，总体上不一定有那么糟糕。无论从销售量还是销售价格看，当前房地产市场仍平稳，尚未出现大幅下降的情况。今年第一季度出现明显复苏迹象，原因在于疫情政策优化调整后，过去一年半甚至更长时间积压的购房需求集中释放。4月份、5月份较第一季度出现一定回落，属于正常的调整。一些“低首付”“负首付”和房子降价的情况，目前仅出现在地理位置相对较偏的个别项目，并不代表整个城市的情况。二手房挂牌量在一些城市增多，原因也是多重的，这其中有一定数量的换房需求，一些购房者通过卖旧买新或者卖小换大，实现居住条件升级。且“卖一买一”能够“带押过户”，以及能享受税费减免等便利和优惠，也对二手房交易有一定的促进作用。

对于房地产市场的企稳复苏，仍应充满信心。1 月份至 4 月份全国住宅销售面积增长 2.7%，住宅销售额增长 11.8%，均有所加快。房地产开发企业资金紧张状况也有所缓解。房地产经纪机构的消息显示，当前消费者看房的积极性尚可，表明真实购房需求并不弱。另一家房地产经纪机构也认为，对市场整体的稳定状态充满信心，2023 年市场交易量相对于去年将迎来稳健复苏。

我国城镇化进程仍在稳步推进，经济活跃度高使得人口流动仍较为频繁，人民群众对居住品质的提升仍有很高期待，这些因素均能有力支撑我国房地产市场较大的需求量。房地产行业仍将是一个大行业、好行业，房地产市场有望进一步实现平稳健康发展。

对于房地产市场的平稳健康发展，还需多些耐心。对促进房地产市场企稳复苏的各项政策持续产生效果，应有一点耐心。过去 20 余年快速发展阶段，房地产行业形成了“高杠杆、高负债、高周转”模式，这种模式将逐渐成为历史。我们对住房的需求从过去“有没有”向“好不好”转变，市场也逐步进入总量小一点，增速比过去慢一点，平稳发展的阶段。

从“三高”向新发展模式过渡的过程中，企业在积极探索，政策也将逐步完善。在这一过程中，企业需要转变观念，甚至经历转型的阵痛。如果说过去高周转模式支撑了这一行业更容易“赚快钱”，未来，房地产行业在租购并举、经营服务性业务以及城市更新等方向迎来新机会，则更有可能赚的是小钱、慢钱、辛苦钱，向管理、服务、运营要效益，也需要更多耐心，下更多绣花功夫。

当前，应继续千方百计推进保交楼，如期、保证质量地完成房屋交付有助于恢复各方对房地产市场的信心。应进一步挖掘支持政策调整优化空间，助力市场企稳回升。大力支持购买首套房，合理支持购买二套房。应将视线回归到房子本身，提供更优质、更契合市场需求的好房子将有助于促进住房消费。

从长远看，还应持续完善住房保障体系，使新市民、青年人等通过保障性住房在城市扎根，为他们努力工作减轻居住方面的后顾之忧。待他们有一定积蓄后，也会逐渐形成新的购买力。

（刊发于2023年6月7日产经版）

完善的社区商业需要小店铺

不少人发现，一些城市街边的小超市、餐饮店、理发摊不见了，遗憾之余也感到有些不便。更重要的是，周边居民可以在小商铺里做点小生意，现在商铺关了，在家门口创业增收的机会少了。

这些感受不无道理。当我们对住房的需求从“有没有”转向“好不好”，好房子的标准也在悄然发生变化。不仅质量好、楼间距宽、绿地多的住房是好房子，而且未来的比拼更是居住品质的较量，有没有完善的社区商业将越来越被人们关注。社区商业是便民服务的“最后一公里”，从好房子到好小区，从好小区到好社区，从好社区到好城区，社区商业在“四好”建设中应该发挥更重要的作用，也有广阔发展前景。

好的社区商业可以成为小区的招牌和门面，可以增强小区的活力和吸引力，便利百姓生活，实现居民对社区和商业的归属感。我们常常吐槽一些新建小区生活不便利，无非是因其周边商业不完善。无论是街角的咖啡店还是牛奶屋，都可以是我们生活中的小确幸。社区商业可以包含便利店、综合超市、菜市场、生鲜超市、早餐店、美容美发店、药店、照相文印店、家政服务点、维修点、再生资源回收点、邮政快递综合服务点，也可以有特色餐饮、运动健身、保健养生、阅读书屋、教育培训、休闲娱乐、老年康护、幼儿托管等。

好的社区商业是扩大就业和提振消费的重要渠道。社区商业打造的便民生活圈成为城市的“毛细血管”，个体工商户和小微企业活跃其中，很多人在家门口解决了就业问题。把恢复和扩大消费摆在优先位置的背景之下，社区商业可以发挥更重要的作用，场景和业态越多元，居民消费的欲望也会越强。不过，在激烈的市场竞争中，还是要深入研究社区特点和人们的消费心理，推出更契合社区居民需求的服务业态。

各方主体发展社区商业的积极性有望进一步提升。可能是看到社区商业的广阔前景，抑或是转型需要，一些品牌连锁便利店的开店数量持续增加。大型商业集团也纷纷进军社区连锁便利店这一领域。小区门口的自动售货柜提供新鲜的水果蔬菜、饮料矿泉水和小零食，扫码开柜，自动结算，很多人对这样的模式已经不陌生。连锁经营、自动贩卖机和小商铺展现了不同的优势和特征，网购和外卖对社区商业起到补充作用。不过，相比发货地较远和至少是次日达的互联网平台购物，社区商业更有距离和时效的优势。

零售之外，社区商业提供的服务性经营值得重点关注，特别是有关“一老一幼”的服务。老龄化社会加速到来，养老服务的需求势必会越来越旺盛。如今，无论在大型商场还是小区底商，儿童玩乐、教育培训均占比较大，有关孩子们的设施和服务甚至支撑了周边餐饮的火爆。从国外经验看，很多社区商业也都是围绕老人和儿童展开的。

社区商业的发展既要通过充分的市场竞争，也要有相关政策引导。近年来，有关社区建设的政策对社区商业的发展提出了较为明确的指引。《完整居住社区建设指南》提出，完整居住社区应该便民商业服务设施健全，应该有一个综合超市，多个邮件和快件寄递服务设施，建设理发店、洗衣店、药店、维修点、家政、餐饮店等便民服务网点。早在2021年，商务部等多部门就联合印发意见，推进城市一刻钟便民生活圈建设，一刻钟便民生活圈就是多业态集聚形成的社区商圈。目前80个试点地区共建设“便民生活圈”超1400个，服务居民3200多万人。

总体而言，社区商业通常规模较小，也比较脆弱，应加大扶持力度。一些小商铺尽管有便捷、与居民距离最近等优势，但在网购的冲击下，加之店铺租金高企，经营得并不容易。实体店铺还要接受基层治理、消防治安等各种监督和考核管理，综合成本较高。一方面，小店要靠努力经营，在居民中形成良好口碑。另一方面，监管部门对社区商业的优化管理、降低其成本、加大扶持等必不可少。

（刊发于2023年6月14日产经版）

把城中村统租这件好事办好

在深圳，城中村的存在让这个国际化大都市一边是高楼林立，一边是令人“头痛”的环境。由于租金低廉，城中村往往是刚到深圳闯荡的人们落脚的首选之地。一段时间以来，深圳市正在推进城中村保障性住房品质化安全改造提升工作。城中村统租能够为城市发展带来很多益处，对于城中村统租改造应高度重视，细化方案，妥善解决，把城中村统租这件好事办好。

深圳市将城中村改造与保障性租赁住房的发展相结合，是发展保障性租赁住房的新探索。深圳城中村量大面广，有资料显示，深圳市城中村共有住房约540万套（间），约2亿平方米，占全市租赁住房比例超过60%。城中村不仅卫生环境需要改善，房屋安全、供用电安全、电动车充电换电消防安全等隐患也需要消除。城中村改造是城市更新的重要内容，对深圳这样的大城市而言，尤需积极推进。

深圳市城中村保障性住房品质化安全改造提升工作由市属国有企业统筹推进，统一收购城中村房源进行改造，并对周边配套设施进行升级后再统一进行出租，因此在当地被称为城中村统租。一方面城中村亟待改造提升，另一方面作为人口净流入的大城市，深圳市需要更好解决新市民、青年人的住房问题。深圳找准城中村改造和保障性租赁住房两项工作的结合点，通过城中村统租将两者整合在一起，能够提供更多高品质、可负担的保障性租赁住房。

从长远看，将城中村房源进行统租有一定优势。规模化的城中村统租不仅有助于提升居住品质，还能消除各种安全隐患。对城中村租赁住房进行统一管理后，租房者接受到的服务会更加丰富。政府会根据实际情况对统租的租金进行调控，将租金的上涨比例保持在合理范围。城中村统租还有助于稳定租赁关系，可以减少分散租赁时更易出现的房东提前终止合同，租客需频繁搬家的情况。城中村统租还能吸引房地产开发企业、有长租公寓管理经验的团队、物业企业等加入，未来还可以进一步探索更好发挥市场机制的作用。

在推进城中村统租的过程中，租户们也遇到了一些问题。所居住的房子纳入统租房源后，一些房主发出通知，要求租户在 6 月 30 日前搬离。很多租房者需要马上寻找新的租住地，问题是眼下统租房源回收工作正在集中开展，可选的房源一下子少了很多，时间紧，房源少，天气炎热，给租户们带来了不少麻烦。更让租户们担心的是，目前因为不少房源纳入统租，可租房源减少，未纳入统租的房源租金已经开始上涨，而统租后的租金也会上涨，增加了他们的租金支付负担。还有人担心会影响孩子上学。对此，深圳有关部门均给予了回应，不强制搬离，不具备搬离条件的可以不搬离且维持原租金不变。改造后租金原则上不涨价，深圳市保障性住房筹集工作也不会在所有城中村展开，2023 年筹集的 5.2 万套（间）仅占全市城中村租赁住房总量的 1%。有关部门将帮助搬离的租户寻找新房源。原租户的子女上学问题也不会因城中村改造而改变。

由此可见，城中村统租遇到的问题可以通过更加细致的方案妥善解决，属于阶段性问题。总体而言，城中村改造同步推进保障性租赁住房建设，有利于新市民、青年人拥有更好的居住环境。当他们来到深圳，可以有长期稳定的租住环境，吸引他们留下来，安心干事创业。

深圳市提出，2021 年至 2027 年将累计新增建设筹集保障性住房 100 万套（间），覆盖 350 万至 400 万人。预计到 2035 年，保障性住房覆盖人群将达到约 500 万人，约占全市常住人口的 26%。这其中，将有相当规模的保障性租赁住房。

深圳作为一线城市，其住房发展规划具有一定的风向标意义。可以预计，未来我国住房保障体系将更加完善，受保障的人群还将进一步扩大，保障性住房将减轻更多人在居住方面的后顾之忧。与此同时，住房租赁将迎来大发展，特别是保障性租赁住房，将切切实实在解决居住问题上发挥更突出的作用。房地产市场进入平稳发展阶段，人们对于房价的预期趋于稳定，通过租房在较长时间内解决居住问题或将成为常态。这样一来，我国居民的首次置业年龄也可能随之增加。居住成本降低后，有助于整个社会消费潜力的释放。当然，也不必过于担心人们都去租房而不买房子了，待新市民、青年人通过干事创业有了一定积累，也会形成新的住房购买力。

（刊发于 2023 年 6 月 28 日产经版）

房屋养老金制度保障住房安全

我们居住的房子也在渐渐老去。统计表明，当前城镇家庭住房中，三成以上是本世纪之前所建。就像我们需要定期体检，发现问题就要治疗一样，房子也需要检查、维护，也需要养老。谁给我们的房子养老？养老金从哪来？有关部门提出，要研究建立房屋养老金制度，这项制度有望为确保居住安全，保持居住品质，实现商品住房价值稳定提供有力支撑。

对老房子的养护首先关乎居住安全。由于缺乏安全意识，有的用户擅自拆除或损坏承重结构、对房屋进行随意加层加高、擅自改变用途等行为，让房屋安全隐患逐步凸显，给生命财产安全造成威胁。对老房子的养护还关乎居住舒适度。城乡居民对住房的需求正从“有没有”转向“好不好”。而老旧小区中设施设备及管线锈蚀老化、屋面渗漏、墙体透寒等问题并不鲜见，影响居住体验。

探索建立住房养老金制度，就是要未雨绸缪，为房屋积累养老金，定期对房屋进行体检，加强修缮，预防安全事故发生，让人们住上更安全舒适的房子。

在强化住宅专项维修资金管理的基础上，建立房屋养老金制度非常必要。房屋的体检、定期巡查和发现问题后的修缮，需要更加稳定的资金保障。根据《住宅专项维修资金管理办法》，目前对于老旧住宅的维修，主要资金来源是住宅专项维修资金，但很多小区的维修资金已经不能满足维修和品质维护的需要。特别是需要进行房屋基础及结构修缮、外墙渗水修补、外保温层更换、消防及电梯设施更新等较大规模工程时，需要高额维修费用。然而，当前老旧小区的专项维修资金正快速减少甚至枯竭。调查表明，南京有约 30% 的房屋未归集维修资金，已归集维修资金且当前有结余的老旧小区中，又有 28% 的余额低于 10 万元。

建立房屋养老金制度，有助于进一步拓宽资金来源，全面加强对房屋养老金的筹集和管理。资金从哪里来？除了住宅专项维修资金继续作为房屋养老金来源外，也可以探索从土地出让收入中提取一定比例作为房屋养老金。同时，房屋维修资金增值收益的结余也可以纳入。此外，小区中的公共空间和公共设施，比如商铺、停车场、广告牌、会所、体育设施的出租和经营性收益，都可以作为房屋养老金的来源。建立房屋养老金制度，须考虑把这笔钱管好。不妨参考个人养老金的管理方式，探索设立专门机构进行运营，这不仅有助于房屋养老金的归集、使用、管理、监督，还有望通过投资运营房屋养老金存量资金，提高增值收益水平。

有人觉得，设立房屋养老金制度，可能需要让持有房屋的人缴纳更多的资金用于养护住房，这会不会增加居住成本？

一方面，房屋养老金制度如何确定资金来源尚在探索中，是否会在现有基础上增加居民资金的支出尚无定论。另一方面，即使增加一定成本，也是有必要的，看待这个问题需要算总账。设立房屋养老金制度首先是为了确保居住安全和居住品质。定期对房屋进行体检和修缮，是保护我们自身的生命和财产安全。个别住宅楼倒塌等安全事故为我们敲响警钟。实行住房养护有助于延缓房子衰老，保持我们的居住品质。养护得好的住房，其流通性才会更好。养护好我们的房子，在某种程度上就是一种理财，就是让我们手中持有的资产更保值。

同样值得关注的是，房屋养老金制度不是孤立存在的。为确保居住安全和保持居住品质，需要完善一系列保障制度，这是一项系统工程。住房和城乡建设部有关会议曾提出，将积极推进房屋养老金、房屋定期体检、房屋质量保险“三项制度”试点。建立房屋养老金制度能够发挥好资金的支持作用，可以进一步结合房屋体检制度，定期对住房进行体检，发现安全隐患和需要修缮的地方，为老房子“治病”。同时，可以给房子“上保险”，房屋质量保险可为居住后出现的房屋质量问题提供快速维修及赔偿保障，确保新建、改建、扩建住宅项目的建设质量，倒逼施工单位增强质量意识，加强施工质量管理水平。由此可见，多项制度综合推进，有利于房屋全生命周期的安全管理，形成房屋安全管理长效机制，为房屋提供全生命周期的安全保障。

（刊发于 2023 年 7 月 5 日产经版）

写字楼市场谋求多元化发展

写字楼作为商业地产的一个重要类别，与商业活动密切相关，是从事金融、贸易、高新科技等行业的人们集中办公的场所。有研究机构的数据表明，今年上半年，北京、上海、广州、深圳四个一线城市的甲级写字楼空置率分别为16.9%、18.6%、18%、24.5%，均较去年底有不同程度的上升。如何看待写字楼空置率提升？

写字楼的出租率反映一段时间内当地经济活跃度。经济活跃度越强，对写字楼的需求越大。新经营主体增长快，会带动出租率的提升。招商引资以及吸收外资效果好，也对写字楼出租率有积极影响。所以写字楼出租率的变化能够折射经济发展的基本状况。

不同行业对写字楼租赁的需求不同。以北京市场为例，有研究报告称，今年上半年，软件开发和电信通信行业写字楼租赁状况较为平稳。金融行业中，证券租户的扩租活动增多，保险租户以区位和楼宇升级为主。新能源、基建类国有企业的升级搬迁及扩租较为活跃。医药及生命科学保持稳健。在疫情后消费需求恢复、土地供应释放等利好因素下，消费服务类、房地产、建筑等相关领域扩租开始活跃。

不同区域的表现也不尽相同。仍以北京市场为例，第二季度中关村写字楼市场空置率上升、租金下降。作为互联网企业较为集中的区域，第二季度出租率下降与一些互联网企业退租搬入自有物业，以及个别互联网企业退出或是缩减租赁面积不无关系。而丽泽金融商务区作为新兴金融产业集聚区、首都金融改革试验区目前保持一定热度，出租率和租金均保持稳定。

总体而言，写字楼出租率的增长有赖于经济活跃度的提升。政府出台政策支持以及资金奖励政策，不仅有助于吸引企业落地，也对科技创新、产业升级以及科技成果转化等有促进作用，能够增强企业发展信心，企业新租、扩租需求也将更多。

四个一线城市中，上半年甲级写字楼空置率以深圳最高，超过20%。主要原因在于深圳上半年甲级写字楼迎来持续高供应。广州和上海情况也类似，上半年均有较多新写字楼项目投入使用。在供大于求的情况下，租户选择余地更大，业主不得不以更低租金招揽新租户和吸引老租户续租。

当前应警惕写字楼供给过剩的风险。很多时候，人们把摩天大楼视作经济发展的重大成果，认为富裕的地方就该有摩天大楼。通常摩天大楼层数越多，提供的办公场所越多。而如果摩天大楼提供的办公场所供给过剩，势必会带来资源浪费。在城市发展规划中，应根据产业和经济社会的发展程度，对摩天大楼、高层建筑的建设，以及写字楼的供给有更为精密的规划。

可以预见，新建高层写字楼会越来越少。我国城市建设逐渐从大拆大建向城市更新转向，政策层面积极限制新建建筑的高度。《“十四五”新型城镇化实施方案》明确，严格限制新建超高层建筑，不得新建500米以上建筑，严格限制新建250米以上建筑。

未来写字楼的供给应更注重质量。经济发展，商业繁荣，对写字楼有更高需求。很多人一天24小时，至少有8小时是在办公室度过的，如果再经常加班，人们与办公空间相伴的时间就更长了。

共享办公的兴起，让职场人士对办公空间有了更多选择，也在一定程度上改变着写字楼市场的竞争态势。基于远程办公科技的支持，很多企业的员工希望在混合办公模式下工作，即灵活选择办公室、居家或者第三方空间。近年来共享办公市场方兴未艾，提供专业办公空间和相关服务。这些联合办公空间分布在众多城市的各个角落，职场人士可以就近租用移动工位、固定工位或者专属办公室，团队也可以租用会议室，有位置灵活、租期灵活、配套齐全等优势。联合办公市场有望在租金和相关增值服务中继续挖掘盈利潜力。

与住宅建设的开发与改造并重相类似，写字楼这类商业地产，也可以在更新改造中寻求更多发展机遇。如今，写字楼不仅仅是一个办公区域，人们对于办公室的需求日益多元化。不仅希望写字楼是绿色建筑，有良好的采光、优质的室内空气质量，还希望有配套餐饮，如果还能够提供购物、健身、娱乐、基本的医疗甚至托幼等服务，那就更受欢迎。兼具多种服务的写字楼可以同时满足人们对便利、安全、健康、快乐等的多种需求，成为具有复合功能的混合空间。这样的写字楼有更强的吸引力，有助于其出租率的稳定。于是，对现有写字楼进行更契合现代需求的改造，也可能随着城市更新的大势成为一门生意。

（刊发于 2023 年 7 月 12 日产经版）

加速推进城中村改造

今年4月28日召开的中共中央政治局会议提出，在超大特大城市积极稳步推进城中村改造。7月21日，《关于在超大特大城市积极稳步推进城中村改造的指导意见》在国务院常务会议上审议通过。中共中央政治局7月24日召开会议指出，积极推动城中村改造。这意味着加速推进城中村改造，将成为超大特大城市改善民生、扩大内需、推动城市高质量发展的一项重要举措。

城中村改造亟待加速。按照城区常住人口1000万以上的城市为超大城市，城区常住人口500万以上1000万以下的城市为特大城市划分，根据第七次全国人口普查数据，全国目前有上海等7个超大城市和14个特大城市。超大特大城市实现了快速发展，但这些城市的城中村是薄弱环节。城中村布局凌乱、房屋破旧密集、公共服务缺失、环境卫生条件相对较差，与光鲜亮丽的城市核心区域形成较大反差。城中村因为租金较低，也常常成为外来人口聚集的区域，城中村还常常有居住安全隐患和社会治安问题。

实施城中村改造有深远意义。城市发展成果应该更多惠及城市居民。而城中村脏乱差的环境与人们对住上好房子的期待相去甚远，实施城中村改造就是改善居住环境。城中村改造是一项民生工程，更是一项发展工程，对于促进投资、扩大内需都能起到重要作用。

推进城中村改造将进一步激发上下游相关产业发展活力，带动有效投资和消费。同时，还将有助于补齐超大特大城市发展的短板，在改善城市环境的同时完善公共服务，提升城市文明程度，推动城市高质量发展。

城中村改造不是简单的拆除重建。我国城市发展由大规模增量建设转为存量提质改造和增量结构调整并重，进入城市更新的重要时期。城中村改造是超大特大城市中推进城市更新的重要内容。城中村改造应该因地制宜，该留的留，该改的改，该拆的拆，以保留利用提升为主，鼓励小规模、渐进式有机更新和微改造，防止大拆大建。

城中村改造不仅对建筑和环境实施改造提升，还能和产业发展结合起来。以城中村改造为契机，可以考虑城中村适合发展哪些产业，比如在南方一些城市，城中村历史悠久，其中的古祠堂、古民居可以在保护好的前提下进行开发利用，挖掘其中发展文旅产业的潜力。有一些城中村本身就属于产业型城中村，比如广州有“淘宝村”里仁洞，还有服装产业较为聚集的康乐村，这些城中村的改造宜与产业转型升级结合在一起，更好带动城中村的经济发展。

城中村改造可以与保障性住房建设结合好。超大特大城市通常为人口净流入的大城市，迫切需要解决好新市民、青年人的住房问题。此时，城中村改造可以和保障性租赁住房两项工作结合在一起，将城中村住房转化为更多高品质、可负担的保障性租赁住房。目前，深圳市正在进行的城中村保障性住房品质化安全改造提升工作正是其中一例，有助于更好解决外来建设者的住房问题。

城中村改造鼓励和支持民间资本积极参与，为房地产开发等企业带来新发展空间。城中村改造的一个关键问题是“钱从哪儿来”。

对于民间资本的进入，应该加大政策创新力度，通过创新专项金融产品、实施更大的税收优惠等措施，吸引更多社会资本介入，加快城中村改造步伐。同时，也可鼓励各类民间资本以获取经营性收入的方式进入，在租赁收入、停车场、临街商铺、餐饮等方面找到加入城中村改造的突破口。应积极创新改造模式，努力发展各种新业态，实现可持续运营。对于正面临转型发展挑战的房地产企业而言，也可以尝试从城中村改造中寻找发展机遇。

城中村改造应积极稳步推进，探索适宜模式。要规划先行，坚持稳中求进、积极稳妥，优先对群众需求迫切、城市安全和社会治理隐患多的城中村进行改造，成熟一个推进一个，实施一项做成一项，真正把好事办好、实事办实。目前，一些城市正在积极推进城中村改造，有望形成可借鉴的经验。上海市提出，预计到 2025 年，中心城区周边城中村改造项目全面启动；到 2027 年，中心城区周边城中村改造项目全面完成。日前，广州市有关部门发布了《广州市城中村改造条例（征求意见稿）》，表明广州将以立法推进城中村改造工作。

（刊发于 2023 年 7 月 26 日产经版）

房地产市场企稳回升信号明显

中央政治局7月24日召开会议，指出“适应我国房地产市场供求关系发生重大变化的新形势，适时调整优化房地产政策”，之后，住房和城乡建设部召开企业座谈会，强调“进一步落实好降低购买首套住房首付比例和贷款利率、改善性住房换购税费减免、个人住房贷款‘认房不用认贷’等政策措施”。北京、深圳、广州三城市先后发声，表示将抓紧落实会议要求，促进房地产市场平稳健康发展。这一系列举措均释放出积极信号，房地产调控政策将进一步调整优化，刚需和改善性住房需求将得到更好满足。房地产市场企稳回升也将为宏观经济持续向好贡献积极作用。

一段时间以来，各方对房地产市场信心不足。房地产市场经历一年半左右的总体低迷后，在2023年第一季度有所回暖，但进入第二季度后，多项指标再度掉头向下，购房者由于已售逾期难交付项目的存在而陷入观望，一些开发企业资金链状况的恢复仍需一段时间，房企总体投资意愿不足。各方对于房地产市场的信心亟待恢复。

过去房地产市场过热阶段出台的调控政策需要调整优化。我国房地产市场总体供给短缺的阶段已基本结束，当前局部地区甚至出现了供给过剩的情况。房地产市场正从高速和过热转向总量减少、平稳发展的阶段。为抑制房价过快上涨，众多城市曾出台限购、限贷、限价等限制性措施。如今有些调控措施已经不再适应当前的市场形势，很多城市逐渐取消限制性措施，但仍有一些地区的调控措施需要调整优化，以更好满足刚性和改善性住房需求。

从政策层面传递出的信号看，房地产市场相关政策调整优化的空间正在打开。进一步落实好降低购买首套住房首付比例和贷款利率，将对带动住房消费起到积极促进作用。降低首付比例有助于降低购房门槛，而降低贷款利率能够降低购房总支付金额和房贷月供压力。改善性住房换购税费减免也有助于“真金白银”地减少购房资金支出。2022 年 9 月，财政部、国家税务总局要求，纳税人出售自有住房并在现住房出售后 1 年内，在同一城市重新购买住房的，可按规定申请退还其出售现住房已缴纳的个人所得税。同时，预计二手房交易“带押过户”、合理降低房地产经纪服务费用等政策也将继续扩大实施面。

个人住房贷款“认房不用认贷”政策备受关注。目前，仍有热点城市执行“认房又认贷”政策，这属于房地产市场过热阶段，为避免投机炒房出台的信贷政策。所谓“认房又认贷”指的是如果有些购房者想改善居住条件，卖掉手中的一套房子置换另一套，由于购买第一套住房时曾经使用购房贷款，哪怕已经还清了贷款，因为有贷款记录，再置换时仍被认定为购买第二套住房，从而执行更高比例的首付标准以及房贷利率。以北京为例，一个名下无房但曾经有贷款记录的购房家庭，再购房时商业贷款的最低首付需要 60%，购买非普通住宅则要付 80% 的首付。贷款利率也要按照购买第二套住房执行，比首套房高，购房成本就更高。

在当前形势下，“认房又认贷”政策可能会影响一些有改善性需求的购房者，有必要因城施策，将一些城市的“认房又认贷”政策调整为“认房不用认贷”，切实降低购房者资金压力。

此外，预计有些城市还可能从缩短个人销售住房增值税免征年限、降低购买二套改善性住房契税等方面进一步调整优化相关政策，并从稳妥推进商品房“现房销售”试点、积极探索商品房销售按套内面积计价等方面完善相关制度，合理降低刚需和改善性住房需求的购房成本，促进房地产市场平稳健康发展。

从中央到有关部委的政策信号，再到有关城市的表态，极大增强了各方对房地产市场的信心。进入第二季度，房地产市场成交量有所放缓，也与居民就业压力有所增大、收入预期减弱、购房意愿有所下降、购房作为大宗消费恢复相对滞后有关。下半年，随着宏观经济进一步回升向好，居民住房消费和房企投资意愿也将逐步恢复。预计房地产调整优化政策也会陆续出台，相关政策落地后，房地产市场的进一步企稳复苏可期，我们应对房地产市场的平稳健康发展有信心和耐心。

（刊发于2023年8月2日产经版）

房地产调控政策助市场恢复信心

继7月24日中央政治局会议提出“适时优化调整房地产政策”“因城施策用好政策工具箱”后，7月31日召开的国务院常务会议强调，“要调整优化房地产政策，根据不同需求、不同城市等推出有利于房地产市场平稳健康发展的政策举措”。住房和城乡建设部、中国人民银行、国家发展改革委等部门就进一步落实好房地产调控政策措施，继续引导个人住房贷款利率和首付比例下行，支持刚性和改善性住房需求等先后表态。房地产调控的主体责任在地方，各地还须根据当地实际情况，“因城施策”“一城一策”出台相关调控举措。

北京、上海、广州、深圳四个一线城市的政策和市场变化一度被视为风向标。四个一线城市密集发声，均提及支持和更好满足刚性和改善性住房需求。当前，一线城市等热点城市的改善性需求被进一步激活，也被市场人士视为促进市场企稳回升的重要及关键因素。随着生育政策的调整，一些家庭二孩、三孩出生后，家庭人口数量增加，加之结婚购房、子女入学，以及人们对居住要求的持续提升，需要以小换大、以旧换新，改善性需求持续存在。这部分购房者有一定消费能力，偿还贷款的信用也较优质。因此，更好撬动改善性住房需求可成为促进市场企稳回升的重要发力点。

过去一段时间，促进房地产市场企稳回升的政策更多集中在三四线城市和一些非热点二线城市，一线和热点二线城市则由于市场韧性更强，房地产调控政策出台相对较少。此次一线城市密集表态，意味着房地产政策调控范围或将向一线城市扩大。不过，一线城市房地产市场的下行压力较其他城市更小，预计将因城适度调整，时间上可能是渐进的，空间上可能从城市周边开始，同时还要坚持“房住不炒”原则。

此轮房地产调控具体政策落地到城市的“第一枪”在省会城市郑州打响。在郑州市 15 条进一步促进房地产市场平稳健康发展的举措中，有一些备受关注的政策正在落实，比如“认房不用认贷”，还比如购买改善性住房，暂停执行原有的住房 3 年限售政策。此外，还包含对 3 年以内新就业青年人才按照 100% 的比例给予购房契税补贴，给予二孩家庭 2 万元、三孩家庭 3 万元货币补贴，购买新房实施购房契税补贴政策，引导个人住房贷款利率和首付比例下行，转让“满五唯一”住房暂免征收个人所得税等实实在在减轻购房者资金压力的举措。

除了一些短期政策，还有很多是着眼长远的政策设计，如稳妥推进商品房“现房销售”试点，着力抓好郑东新区和惠济区各一个试点项目，提升商品住房品质，加大低密度、高品质商品住宅用地供应，推广立体生态建筑建设，促进住房建设集约化、配套化、精细化、绿色化发展，以及加快推进租购并举，稳妥推进城中村改造和城市更新等。

郑州市的 15 条新政是对过去房地产市场过热阶段出台政策的调整优化，是适应新发展阶段促进房地产市场高质量发展的必要之举，对于一些情况类似的城市有较强的借鉴意义。

另一个省会城市南京也进一步优化政策，出台了8条促进房地产市场平稳健康发展的新政。新政涵盖购买新建商品住房实施补贴、集体土地房屋征收推行房票安置、建立“安置房源超市”、优化车位车库销售审批、提升预售监管资金使用效率、优化差异化供地、促进商办市场良性发展、营造良好市场舆论氛围8个方面。既切切实实惠及买房人，又实实在在支持房地产企业经营，政策精准及时。

近几天，海南省出台新政，支持购房家庭提取住房公积金用于支付购房首付款。此举有助于进一步降低购房者的资金压力。

预计促进房地产市场企稳回升的政策还将在更多城市落地，可能是综合性的多项举措，也可能是针对某些方面进行调整优化。房地产调控新政将成为购房者信心恢复的重要推动力，并有望带来购买力的实质性回升。值得关注的是，近几个月房地产市场总体企稳缓慢也与居民就业压力加大，收入预期减弱，购房作为大宗消费恢复相对滞后有关。随着宏观经济进一步回升向好，居民住房消费和房企投资意愿也将逐步恢复，对此我们有信心，也要有耐心。

（刊发于2023年8月9日产经版）

加大政策力度推进保交楼

2022年8月，住房和城乡建设部、财政部、中国人民银行等有关部门出台措施，完善政策工具箱，通过政策性银行专项借款方式支持已售逾期难交付住宅项目建设交付。这是保交楼工作的重要开端。如今，保交楼已过去整整一年，从住房和城乡建设部披露的信息看，保交楼专项借款项目总体复工率接近100%，累计已经完成住房交付超过165万套，首批专项借款项目住房交付率超过60%。这表明，保交楼工作取得了积极进展。

保交楼、保民生、保稳定的重大决策部署有助于防止企业风险外溢为社会风险，切实维护购房人合法权益，维护社会大局和谐稳定。商品住房不能按时交付可能给购房人带来重大利益损失，阻碍市场发展，为避免局部的资金链问题进一步蔓延，避免给经济发展和社会稳定造成负面影响，有关主管部门通过政策性银行专项借款撬动、商业银行配套融资跟进的方式，支持已售逾期难交付住宅项目建设交付。

各地将保交楼工作做实做细，积极推进政策落地。有关主管部门和城市通过压实企业自救责任，落实地方政府属地责任，紧盯住房交付率，多措并举，加快项目复工和建设交付。一些城市设立了保交楼工作专班，针对项目制定处置方案，设立专门监管账户，对进度款加强审核，并明确交付时间表、路线图，实现倒排工期。有的工作专班还定期组织项目方和业主进行沟通，了解购房者后续需求和项目方的解决措施，让购房者更安心。

保交楼的顺利推进离不开金融支持。金融部门配合推出两批共3500亿元保交楼专项借款。设立2000亿元保交楼贷款支持计划，引导商业银行积极提供配套融资。稳定债券和股权等重点融资渠道。去年11月以来，累计为民营房企约260亿元债券发行提供增信支持。证监会优化房企上市融资政策后，已有多家企业获得股权融资支持。考虑到部分房企长期积累的风险仍然需要一段时间才能逐步消化，中国人民银行、国家金融监督管理总局联合发布通知，将“金融16条”中两项有适用期限的政策统一延长至2024年12月底，引导金融机构继续对房企存量融资展期。同时结合保交楼工作需要，将2000亿元保交楼贷款支持计划期限延长至2024年5月底。

保交楼工作的顺利推进，带动房地产开发项目竣工进度加快，提振购房者信心。国家统计局数据显示，2023年1月至7月，全国房屋竣工面积同比增长20.5%。

保交楼的顺利推进有序化解房地产市场风险。这项工作切实维护购房人合法权益，稳定了市场预期，提振了市场信心，防止了企业风险向社会风险演变。与此同时，金融支持房地产16条措施落地见效，一视同仁支持优质国企、民企改善资产负债状况，满足行业合理融资需求，近期房企资金链紧张问题已经有所缓解。

保交楼过程中开展的专项审计和资金追缴工作，能够切实防范道德风险。通过对专项借款原有预售资金使用情况的专项审计，查清预售资金去向，及时追回被挪用的原有预售资金，对逾期难交付背后的违法违规问题，依法依规严肃查处，并追究有关机构和人员责任，既避免让违法违规者“金蝉脱壳”，也不让损害群众利益的行为蒙混过关。

保交楼工作有助于维护社会稳定。保交楼推进过程中，通过妥善处理施工单位、材料供应商工程欠款问题，防止极端事件；加强保交楼项目过程监管和验收管理，确保工程质量；地方政府帮助购房人解决临时住房、子女上学等困难，稳定了民心。

不可否认，后续保交楼任务仍然繁重，需进一步加大政策支持力度。一些房企资金紧张问题的化解仍需要一定时间。近日，仍有房地产企业债务违约的消息出现，可见，保交楼工作仍面临不少挑战。为此，应进一步采取积极措施，特别是要确保落实好金融支持房地产 16 条措施和保交楼贷款支持计划，持续缓解资金链紧张问题。

目前新建商品房销售过程中，大多数仍以预售方式销售，预售制有可能导致逾期难交付。目前，有关部门已提出推动预售制度改革，鼓励有条件的地方试点现房销售。从各地近期表态看，越来越多的城市开始推进现房销售试点，推进现房销售是大势所趋。

（刊发于 2023 年 8 月 16 日产经版）

“房住不炒”定位不会改变

从国家统计局公布的最新70个大中城市房价等数据来看，房地产市场仍处于深度调整中，一些城市的房地产市场仍存下行压力。当前，从中央的有关部署到各地因城施策，都在强调更好满足刚性和改善性居住需求，促进市场平稳健康发展。在这种情况下，有人觉得，“坚持房子是用来住的、不是用来炒的”，是针对房价过快上涨时提出来的，当前供求关系发生重大变化，炒房的没那么多了，再提“房住不炒”已不合时宜。果真如此吗？

事实是，当前仍要坚持“房住不炒”定位。中央政治局会议提出，适应我国房地产市场供求关系发生重大变化的新形势，适时调整优化房地产政策。我国房地产市场历经20余年发展，商品房总体告别短缺，有的城市甚至出现供大于求，很多城市正在从卖方市场向买方市场转变。然而，“房住不炒”定位仍然要坚持，没有过时。这是因为我国房地产市场分化明显，在一些热点城市，供不应求的情况依然存在，一旦炒作房价重来，又可能重走过度依赖房地产的老路，对经济社会发展会产生不利影响。

“房住不炒”是促进房地产市场平稳健康发展的一项总原则，不应也不会改变，须长期坚持。房地产是国民经济的支柱产业，这是客观事实。不能夸大其作用，像过去一样对这一行业存在过度依赖的倾向；也不能轻视其在宏观经济中的作用、对上下游产业的带动作用。

强调房地产市场支柱地位和对宏观经济的作用，不是重走过度依赖房地产市场、房价过快上涨的老路，不代表房价又要过快上涨。当前出台的一系列助力市场企稳回升的政策，是为了促进市场平稳健康发展。实际上，房地产业将逐步进入总量略减，平稳发展的轨道。在很多城市，供需基本平衡，甚至供大于求的情况下，已经不具备过快上涨的基础。

2022 年房地产业增加值占 GDP 的 6.1%。与房地产业有密切关系的建筑业，2022 年增加值占 GDP 的 6.9%。把两个支柱产业稳住，对稳定经济大盘有重要意义。房地产的相关贷款占银行信贷的 40%，房地产的相关收入占地方综合财力的 50%，居民财富 60% 在住房上，可谓牵一发而动全身。房地产业对原材料供应、家具家装等上下游产业以及就业的带动作用也都非常突出。因此，促进房地产市场平稳健康发展十分必要。

房地产业在过快上涨阶段存在“高杠杆、高负债、高周转”特点，“三高”模式让市场规模快速扩张，存在很大弊端，如今已经难以为继。历经多年的累积，房地产行业在逐步进入新阶段时，问题越发显露。个别房地产企业目前经营遇到一定困难，特别是一些龙头房企债务风险暴露。处于调整阶段的房地产行业正在修正过去存在的问题，探索房地产健康发展新模式。

针对市场中出现的已售逾期难交付项目，有关部门和各地出台一系列政策举措推进保交楼，目的在于让相关房地产项目渡过暂时难关，维护好购房居民权益，确保社会稳定。出现逾期项目的企业仍应履行好自救主体责任。针对一些企业出现的违规挪用预售资金等问题，有关部门也要严格依法依规处理。

应该看到，我国城镇化进程仍在持续推进，农民走向城市有大量住房需求。人们对美好居住生活的向往仍不断升级，对好房子，对改善居住条件同样有大量需求。加之发展住房租赁，大力推进改造城市老旧小区等举措，都决定了房地产行业仍是大行业、好行业，房地产市场平稳健康发展可期。

让全体人民住有所居是美好期待。在坚持“房住不炒”定位的同时，我国还加快构建多层次住房供应体系，明确了住房保障的顶层设计，以公租房、保障性租赁住房、共有产权住房为重点推进保障性住房建设。特别是发展保障性租赁住房，各地出台相关规划，旨在更好解决新市民、青年人的居住问题。租购同权正在慢慢实现，以学区房名义炒作房价的问题，也正在通过教育资源均等化的实现逐步改变。住有所居，且更加宜居，定会更好实现。

（刊发于 2023 年 8 月 23 日产经版）

持续优化调控政策增强市场活力

房地产市场政策调整和优化仍在持续。当前，政策不断调整优化主要是取消或放松了过去一些限制性政策，支持居民刚性和改善性住房需求，提振市场信心，改善房企经营预期，促进房地产市场企稳回升。从政策效果看，这些调整优化政策已经开始落地见效。预计下阶段房地产投资、销售、市场运行有望逐步改善。

更多城市实施“认房不认贷”政策。天津、三亚均于近期宣布执行“认房不认贷”。8 月底至 9 月初，继 4 个一线城市率先宣布执行“认房不认贷”之后，厦门、武汉、成都、重庆、天津、长沙、南宁、苏州等较为热点的城市也随之跟进。

过去在“认房又认贷”政策下，只要曾经有过贷款记录，无论名下是否有住房，再买房时都会被认定为购买第二套住房，首付和房贷利率均较购买首套住房高，购房成本高，限制了一部分刚需和改善性住房需求。“认房不认贷”对于曾经在老家购买住房有过贷款记录，如今想在工作所在城市购房的居民更是利好，同时能够为有置换需求的“卖一买一”家庭降低购房成本。在“认房不认贷”政策下，原来可能被认定为购买第二套住房的家庭如今被认定为购买首套住房，首付和房贷利率都更低，有机会考虑置换面积更大的住房，有助于提升居民购买力。

陆续有城市调整限购政策。比较受关注的是广州成为近期首个调整限购措施的一线城市。同时，广州还宣布非户籍人口首套房购置纳税社保年限从5年缩短至2年。西安宣布二环以外区域不再执行住房限购措施。厦门也取消了4个区的限购。长沙宣布无论购房者是否有本市户籍，购买首套住房都不限购。自9月以来，沈阳、南京、大连、兰州、青岛、济南、福州、郑州、合肥、无锡、武汉等城市宣布全面取消限购。

限购政策是在过去房地产市场过热阶段，相关城市为避免投机炒作行为出台的限制性调控举措。如今，随着市场供求关系发生重大变化，限购政策已不适应市场现状，取消或优化限购政策有助于更好满足刚性和改善性住房需求，促进住房合理消费，助力商品房流通和循环。不过，如今全国仍有少数城市执行限购政策，且一些城市对限购政策的调整优化只在部分区域进行，体现了房地产调控“一城一策”甚至“一区一策”的特征。

除了“认房不认贷”和放松限购外，各地还出台了放宽限售，降低首付比例、利率，发放购房补贴等调控举措。持续调整优化的房地产政策正在给市场注入活力，叠加当下正处于“金九银十”的传统销售旺季，一些城市房地产市场活跃度提升，成交量增长，各方对房地产市场的信心正在恢复。

房地产市场的企稳回升对于防范金融风险、保持宏观经济稳定具有重要意义。同时，房地产市场的平稳健康发展，也建立在经济运行平稳、就业形势良好、居民收入稳定或有增长预期的基础上。在房地产政策优化之外，还须让居民在医疗、教育以及公共服务和社会保障等其他领域有更多获得感和稳定预期，才能进一步稳定和促进住房等消费。

在“努力让人民群众住上更好房子”的愿景下，商品房和保障性住房并行推进。一方面，房地产市场需要平稳健康发展，为市场提供更好的商品住房，而日益完善的住房保障体系对于住房困难群体而言意义重大。另一方面，我国将持续加大保障性住房建设和供给，加快建立健全以公共租赁住房、保障性租赁住房和配售的保障性住房为主体的租购并举住房保障体系。

各地应继续做好公共租赁住房托底保障工作，适时提高公共租赁住房收入准入线和租赁补贴标准，进一步扩大公共租赁住房保障范围。大力发展保障性租赁住房，通过土地、金融、税收等政策支持，引导各类经营主体参与筹集建设保障性租赁住房，缓解新市民、青年人住房困难问题。对于配售的保障性住房，应建立公平公正的配售机制，加强监督审计，重点针对住房有困难且收入不高的工薪收入群体及政府引进人才，按保本微利原则配售。同时，保障性住房要实施严格封闭管理，不得上市交易。

（刊发于 2023 年 9 月 27 日产经版）

中介费下降提振住房消费

近日，北京链家调整了中介费收取标准，从目前房屋成交总价的 2.7% 统一下调至 2%。同时，收费模式从购房一方单边支付中介费改为买卖双方共同承担各付 1%。对于购房者而言，此次中介费降低能够减轻购房负担，有助于提振住房消费热情。然而也有人提出，卖方也要承担一半中介费，会不会将中介费成本转嫁到房价中，带来房价上涨?

北京链家此次调整中介费收取标准，是贯彻落实有关部门要求，具有风向标意义。今年 4 月，住房和城乡建设部、市场监督管理总局联合印发《关于规范房地产经纪服务的意见》提出，房地产经纪机构要合理降低住房买卖和租赁经纪服务费用，引导由交易双方共同承担经纪服务费用。北京链家一方面调低中介服务费 0.7 个百分点；另一方面调整了收费模式，由过去仅由买方承担中介费改为由买卖双方平均分担。

链家是北京一家知名房地产中介服务机构，此次对现行二手房交易服务费收取方式和标准进行调整，降低了交易成本，提振市场情绪和信心，预计对其他中介服务企业和其他城市或将有示范意义。

中介服务机构调整中介费收取标准，也是适应供求变化以及房地产市场发展到新阶段的必然结果。房地产市场处于调整周期，各项支持政策都旨在积极促进市场企稳回升。中介服务机构降低中介费，有助于降低购房者成本，促进住房消费。在过去房价快速上涨阶段，大多数城市均是卖方市场，买方处于弱势地位，因此形成了买方承担全部中介服务费的格局。按照北京链家过去 2.7% 的收费标准，一套总价六七百万元的房子，买方常常需支付中介费 10 万元以上。一直以来，特别是在房价较高的大城市，购房者常常吐槽中介服务费用过高。如今供求关系发生变化，房价进入较为平稳的周期，一些城市在售房源大量增加，已经具有明显的买方市场特征。因此，适时调整中介服务费形式，由单边付费改为双边付费，有利于降低刚需客户和换房客户的佣金负担，促进住房消费和房屋流通。

中介服务费收取标准调整有望给市场带来积极影响，有助于降低刚性、改善性需求家庭购房成本，有助于促进市场流通、提高交易效率，对提升市场活跃度有积极作用。房地产经纪机构对促进房屋交易、提高交易效率、保障交易安全具有重要作用。优化二手房交易服务费和收费模式将进一步保障交易公平，促进行业规范发展。

从实际经验看，双边付费是很多国家通行的做法，我国也有很多城市已经实施双边付费。过去想卖房，只需给中介机构打个电话，登记相关信息后，中介服务人员会带意向客户来看房子，今后卖方也要支付中介费，将会出现新的变化。国际上大部分国家的二手房交易都是由双方分摊中介费，或者由卖方支付所有中介费。在我国，很多城市已施行双边付费，成都、大连等城市实行双边收费达 10 年以上；广州、深圳、上海、重庆等城市近年来也陆续实行了双边收费。我国卖方支付中介费的比例从无到有，由低到高，处于持续增加趋势。

对于人们关心的向卖方收取一半中介服务费是否会转嫁到房价

上，最终还是让买方买单的问题，应该说，能不能转嫁、能够转嫁多少，取决于二手房市场的供需状况。当前，很多市场都供大于求，已经是买方市场，不再像从前一样很多人抢一套房子，因此卖方很难将中介费用转嫁给买方。但不排除个别热点区域或热点项目会出现这种情况。供需双方反复进行价格博弈后，包括中介费用在内的整体住房价格会调整到供需双方均可接受的一个最终价格。

也应该看到，房地产经纪服务收费应由交易各方根据服务内容、服务质量，结合市场供求关系等因素协商确定，因此中介费收取方案不会“一刀切”，具体费率和模式将由各城市、各企业根据实际情况自主决定。

（刊发于 2023 年 10 月 4 日产经版）

“十一”黄金周楼市呈分化态势

从8月末至9月初，多城密集出台房地产调控政策以持续提振楼市。政策频出，又恰逢楼市传统销售旺季，这个“十一”黄金周的楼市很受关注。汇总各地情况看，“十一”黄金周期间，一些城市的房地产市场在政策调整的背景下活跃度有所提升。不过，城市之间的分化依然明显。

对“十一”黄金周楼市的重点关注源于近期密集出台的一系列房地产调控政策。7月24日召开的中央政治局会议提出，为适应我国房地产市场供求关系发生重大变化的新形势，适时调整优化房地产政策。随后，“认房不认贷”、首套房存量贷款利率下调、差别化住房信贷等政策相继推出。8月底至9月初，四个一线城市纷纷宣布执行“认房不认贷”政策。广州成为调整限购政策的首个一线城市，其他调控政策也纷纷在不同城市陆续落地。

今年“十一”黄金周，一些城市的楼市热度较高，甚至出现了一些热销楼盘。开发企业加大推盘力度和优惠幅度，摩拳擦掌促销售。一线城市中，广州楼市表现更为突出，看房量和成交活跃度均有明显回升，原因在于“认房不认贷”“下调二套房首付比例”“优化限购”等多项政策密集出台，全面支持刚需和改善性住房需求，向市场释放了积极信号。中指研究院数据显示，广州市场黄金周期间网签面积较 2022 年同期日均增加 13.2%。

市场呈现分化态势。城市内部有分化，如广州中心区域的核心板块以及刚放开限购的番禺、黄埔等区域成交较好，周边几个区域市场则相对较为冷清。此外，武汉、苏州、青岛等城市市场热度相对较高。宁德、东莞、梅州等城市成交量较去年“十一”黄金周有所增长。但受到长假期间出游和返乡人数较多等因素影响，有相当数量的城市楼市表现相对平淡。

这一个多月以来，在多轮房地产政策作用下，看房者增多，二手房挂牌量增加，表明在一些城市尚有不少购房需求，潜力有待进一步深挖。二手房挂牌量的增多表明置换需求正在释放。

不过，在当前房地产市场中，观望情绪仍在弥漫，购房者信心有待继续恢复。很多销售人员和中介服务人员都有这样的感受，看房的人多，形成实际购买的人少，购房者对政策优化仍有期待。买涨不买跌是普遍心态，历史经验表明，观望者在判断房价将出现涨价趋势，甚至已经出现小幅涨价时匆忙出手购房的情形更多。目前，各地和有关部门已经出台了很多降低购房门槛、减少购房资金压力的政策，但购房者仍然希望再等等再看看，看是否会有更多的优惠政策出台，以及价格是会涨还是会跌。

房价的涨跌与政策的确密切相关，但最终的决定因素还是市场供需状况。政策会在一定程度上对供需起到调节作用。比如“认房不认贷”政策出台之后，之前被认定为买二套住宅的家庭重新认定为具有首套资格，原本首付不够不考虑买房，现在可以“上车”了。或者原本首付太高只能买个小户型，现在首付比例下降，可以在面积上增大一些。家庭收入也是决定购房需求的一个重要因素。促进住房消费，要从稳定就业，以及让家庭收入更可持续和有稳定预期入手。说得通俗些，兜里有钱，才敢消费，才会动买房或者改善居住条件的心思。此外，让更多人享有良好的教育、医疗、养老等公共服务，减轻这些方面的后顾之忧，也是提振住房等消费的基础因素。

房地产市场的复苏温和缓慢。当前房地产市场仍处于调整周期，区别于过去一出台房地产调控政策就产生立竿见影的效果，进而房价重新进入快速上涨的轨道，如今房地产市场企稳回升速度相对缓慢。这与我国房地产市场供求关系发生重大变化的新形势密切相关。房地产市场供求已总体平衡，一些城市甚至供大于求。但我国经济高质量发展大势没有变，随着城镇化进程的推进，以及居民对美好居住生活需求的持续提升，房地产市场仍有广阔发展前景。随着调整优化政策措施陆续落地见效，经济恢复向好，未来房地产投资、销售、市场运行将逐步趋于改善。

（刊发于2023年10月11日产经版）

城中村改造全面启动

今年以来，城中村改造在中央及各部门重要会议中多次被提及。今年 7 月，国务院办公厅印发《关于在超大特大城市积极稳步推进城中村改造的指导意见》，并召开电视电话会议进行部署。各地正按照部署，扎实开展配套政策制定、摸清城中村底数、编制改造项目方案等工作。多年以来，城中村改造陆续在各地分散实施，此次提出在超大特大城市积极稳步推进城中村改造，表明在我国集中有序进行城中村改造的大幕已经拉开。

积极稳步推进城中村改造恰逢其时。城中村普遍存在公共卫生安全风险大、房屋安全和消防安全隐患多、配套设施落后、环境脏乱差等突出问题，亟须实施改造。在超大特大城市中，核心区域大都市的繁华与周边城中村现状呈现强烈反差。“地铁坐到头，回到村里头”是很多城市城中村的真实写照。我国正加快转变超大特大城市发展方式，实施城市更新行动，加强城市基础设施建设。而城中村改造是城市更新的重要内容。推进城中村改造有助于补齐超大特大城市发展短板、破解“大城市病”，改善城市环境、完善公共服务、提升城市文明程度。

城中村改造惠民生。城市发展成果应该更多惠及城市居民，而城中村脏乱差的环境与人们对住上好房子的期待相去甚远。实施城中村改造能够切实消除城中村安全风险隐患，改善居住条件和生态环境。

城中村改造可有效扩大内需。城中村改造有助于将超大特大城市建设成宜居、韧性、智慧的现代化城市。居住空间、产业发展、公共设施等也随之升级，有助于激发上下游相关产业，如基建、建材、家居、装修、物流、家电等多领域的活力。

城中村改造对经济增长有带动作用。城中村改造可以引入社会资金，能够拉动投资，对于整治提升类的城中村改造项目，将建立政府与村民、社会力量改造资金共担机制。这为房地产等相关企业的转型升级提供契机。项目建设投资、建设、运营、管理等各个方面，都将给相关企业带来新机遇。

城中村改造不是新一轮大拆大建。超大特大城市城中村改造分三类推进实施：第一类是符合条件的实施拆除新建；第二类是开展经常性整治提升；第三类是介于两者之间的实施拆整结合。住房和城乡建设部发布消息称，城中村改造信息系统投入运行两个月以来，已入库改造项目 162 个。城中村改造应因地制宜，依据具体情况，该拆的拆，适宜整治的则进行整治。

城中村改造应实现包容发展。在既有的改造实践中，有的城中村改造提升后，原本在城中村生活的人们如果还继续留在原地生活，需要付更贵的房租以及增加其他居住成本。城中村由于居住成本低，常常是来城市打拼的外地人首选的落脚地，这些外来人口支撑了城市的繁荣和发展，并且客观而言，未来城市的发展仍需要他们留下来，在实现自身价值的同时助力社会和城市进步。因此，城中村改造应综合考虑这一群体的居住问题，以及提供更好的社会保障和公共服务，实现包容发展。

城中村改造可以与保障性住房相结合。各地城中村改造土地除安置房外的住宅用地及其建筑规模，原则上应当按一定比例建设保障性住房。一些城市已经积累了城中村改造和推进保障性住房相结合的经验，如深圳推进城中村保障性住房品质化安全改造提升工作，通过城中村统租将城中村改造和保障性租赁住房两项工作结合在一起，能够提供更多高品质、可负担的保障性租赁住房。

城中村改造是一项系统工程。未来的城中村改造不会是简单解决居住空间增量问题，更多是要推动城市高质量发展。一部分集聚了产业的城中村在改造中应做好产业搬迁和转型升级。改造后，将根据城市产业发展规划，合理安排产业布局，引入优质产业项目，促进产业转型升级，并提供一定规模比例的低成本创业空间，保障小微企业和个体户创业需求。因此，城中村改造要兼顾激发就业、创业和创新能力，促进当地经济可持续发展。除了居住空间和产业空间外，还要求在城中村改造中完善教育、文化、休闲、商业、一老一小服务等，这些短板都应该在城中村改造中给予弥补。

（刊发于 2023 年 10 月 18 日产经版）

家装服务行业亟待规范

身边的很多朋友都被房屋装修折磨过，甚至有过一次装修经历，恨不得今后再也不装修了。装修让人们对居住环境改善怀有美好期待，本该是件高兴的事，之所以会有这么多糟心经历，和整个家装行业不规范不无关系。人们对美好居住生活的向往不断提升，刚需、改善性购房需求仍有提升空间，因此家装行业也面临较多发展机遇。而家装市场的繁荣和发展，需要以市场的规范为基础。

家住北京市朝阳区的李女士最近被旧房翻新装修弄得焦头烂额，她通过互联网联系了装修队，谈好了价格。可一边干，一边多出来一些新的小零活儿，比如粉刷房顶时，本不需要动石膏线，但发现石膏线有一两处小破损需要修补，墙壁还有掉墙皮的情况，为了不影响铺壁纸需要进行局部的小修小补，师傅顺手就帮忙处理了。可等到结账的时候，这些新加出来的小零活儿装修师傅要求加钱，且加出来的费用甚至比之前商定的总价超出了三分之一。活儿也干了，师傅也确实付出了辛苦，加点费用也合理，可是加出这么多，着实让李女士有些意外和恼火。经过一番拉锯，李女士只有无奈地接受装修队的方案，多付了不少钱。

安装木地板时遇到的情况类似，本来谈妥了价格，师傅到现场说由于墙不太直，需要加钱打胶，地板与墙之间还需要加装弹片。

工期仅有 1 天，李女士只能以较高价格购买安装师傅的弹片，且安装费用也得额外付。装修的确容易“活儿越干越多”，但加出来的活儿如果事先没确定，价格没谈好，就会给装修队增加项目或漫天要价的空间。

其实，因为装修增加项目，进而增加费用导致双方产生分歧是装修最常见的纠纷之一。一些装修公司利用顾客不能事先预知所有可能产生的工作，先以较低的价格吸引客户，对于一些双方没确定好的项目或材料在现场加进去，以此获得更多报酬。此外，装修延期、业主对装修质量不满意等也是十分常见的纠纷，严重的还会走诉讼程序。

过去找装修队都是在建材市场门口，师傅用小板子写上可以提供的服务内容。如今互联网发达了，大家可以去一些二手物品交易平台、生活服务信息平台，通过装修公司留下的联系方式找到他们，形成的服务交易往往仅是口头约定，对于双方都缺乏约束。如果是整屋装修，由于装修涉及的工种很多，包括油工、木工、水电、壁纸、地板等，人们会选择找装修工长或装修公司整体承包下来，从设计到材料的选购和施工，即“交钥匙工程”，一价全包，省事省心。这种整体装修工程，消费者是和一位工长或装修公司打交道，提前签订合同，更规范，有助于保护双方权益。可即便如此，装修纠纷仍是层出不穷，装修市场亟待进一步规范。

如今整装服务越来越多，有助于为消费者提供更规范的家装服务。或许正是看好家装市场的前景，一些房地产中介服务机构、房地产开发企业发挥房屋售卖能够接触更多客户的优势，将家装行业作为新的业务线，如贝壳研究院推出的名为“被窝整装”的新业务线，龙湖集团的“塘鹅美装修”将重点放在装配式装修服务的提供上。

专业互联网平台的发展同样有助于家装服务的规范。专业的家装维修服务平台便利了买卖对接，消费者将装修、维修等需求发布在平台上，由多个装修队报价，消费者通过了解装修公司提供服务的次数、其他接受过服务的消费者评价以及报出的价格，经过比较后选定一家，收付款都在平台上完成。对于装修队而言，消费者最终是否给出好评对其形成约束，如果差评太多，势必影响日后接活儿，专业平台的模式客观上有助于服务品质提升。对于消费者而言，在平台上进行交易，资金更安全，权益更有保障。

家装服务的规范发展十分必要。规范的家装服务有助于促进住房消费，拉动内需。家装服务纠纷频出，应该得到主管部门的高度重视，消费者权益应该得到更好保护。有必要通过出台指导意见等方式引导行业规范发展，对于从业人员也应加大培训力度和约束力度，引导其提升服务水平，增强职业道德。

（刊发于2023年10月25日产经版）

重视老年人改善居住环境需求

老龄化社会正在加速走来。老年人的养老生活、社会保障、医疗服务等问题关乎每一个家庭的和谐美满。如何更好解决老年人居住问题，受到了越来越多的关注。

关于老龄化社会与住房消费的关系，人们持不同观点。有人认为，随着年龄增长，对收入的预期逐步降低，住房消费意愿自然不强了。也有人觉得，老龄化社会让家庭规模小型化特征更加突出，出现相当数量的独居和空巢老人，老年人同样有适老化的居住需求，他们的住房消费需求仍将释放。这些观点似乎都有道理。

改善型换购是推动老年人住房消费的一个重要因素。不可否认，在大城市，老年人居住的房屋，特别是核心区域的住房，随着过去20多年房价快速上涨，已经成为他们主要的家庭资产。而城中心的老房子通常有面积小、户型不够合理、没电梯、物业服务不完善、活动场所缺乏等问题。于是，一些老年人选择卖掉城中心的房子，去距离稍远、房价略低的地方改善居住条件。

老年人群购房比重并不低。以北京为例，中国人民大学劳动人事学院与北京链家研究院联合推出的《积极老龄化 适老新居住》报告显示，北京购房老人样本中，出于改善住房条件或周边配套动机而购房的占比高达69.1%；2022年北京市55岁以上老年群体购房占比达11.4%。报告认为，近年来老年人群购房比重呈现阶段性上升趋势，老年群体置业需求有所增长。随着我国住房市场逐步从“增量发展”转入“存量优化”阶段，适老化居住需求成为撬动老年人住房消费的重要杠杆。

老年人居住消费潜力值得挖掘。除了为改善居住条件把房子换到略远的位置之外，还有很多老人选择在子女居住地附近购房，方便照顾孙辈或得到子女照顾。当前有一些老年居住社区慢慢兴起，这些老年社区往往建在距离中心城区较远的地方，提供较为全面的养老、医疗等服务，吸引老年人购房入住。居住消费不仅仅是购房消费，老年人除了有直接购房或者换购住房的需求外，对居住服务的需求也越来越高。针对老年人的住房经纪服务、物业服务都有待进一步完善。购房后，适老化的家装等服务也有广阔前景，为老年人提供整装、适老化设计，且物美价廉的装修服务值得家装行业进一步探索。

不过，对老年人住房消费应适当引导，避免冲动消费。老年人能够接触到的信息相比年轻人较为有限，综合辨别各方信息的能力较弱。楼盘销售人员和房地产经纪服务人员在针对老年人提供服务时，应该从老年人的切身需求出发提供购房建议，保护好老年消费者，注重诚信，引导他们理性消费。

老旧小区适老化改造势在必行。改善住房条件是很多老人的期待，然而直接购房或改善型换购往往对家庭支付能力有较高的要求。对于相当数量的老人而言，居住在现有老旧小区是更现实的选择。因此，对老旧小区进行适老化改造是提升老年人居住质量的必要途径。上述报告显示，北京市七成以上的老人居住在老旧小区，住宅适老化程度显著不足。目前，我国正在推进城镇老旧小区改造，各地积累了不少好的经验做法，对于加装电梯等老旧小区改造中难啃的“硬骨头”也在探索解决，老旧小区改造将让更多老年人受益。

适老化改造需要更多资金和制度支持。住宅适老化改造应形成产业，成为住房消费新增长点。适老化改造面临资金不足的难题，应积极探索政府、社会、居民个人多方出资模式，多渠道筹措资金。同时，我国正在探索房屋养老金制度，这项制度旨在长远保障房屋的安全和居住品质，稳定商品住房价值。

居住适老化改造的重点和难点在于居住服务的提升。居住品质提升不仅在于房子更新、面积更大，更在于服务的完善。还应进一步提升社区养老基础设施和相关服务的供给。社区养老服务可以成为改善老年人生活品质的重要途径，成为居家养老模式的有益补充，这就需要构建一支专业的养老服务队伍。

（刊发于 2023 年 11 月 1 日产经版）

着力促进金融与房地产良性循环

近日召开的中央金融工作会议提出，促进金融与房地产良性循环，健全房地产企业主体监管制度和资金监管，完善房地产金融宏观审慎管理，一视同仁满足不同所有制房地产企业合理融资需求，因城施策用好政策工具箱，更好支持刚性和改善性住房需求，加快保障性住房等“三大工程”建设，构建房地产发展新模式。此次会议系统全面地指出当前涉房地产金融工作的重点，为做好当前和今后一个时期的房地产工作指明了方向。

促进金融与房地产良性循环，是有效防范化解金融风险极为重要的一环。当前，我国房地产市场仍处于调整周期，有些房地产企业债务违约、个别房地产企业开发的商品住房难以按时交付，都是房地产行业所面临的风险。应通过加大对刚需和改善性住房需求的支持力度，促进企业销售回款，银行等金融机构加大对房地产企业的资金支持力度，企业恢复拿地积极性，让房地产行业的销售和供给等环节畅通起来。

健全房地产企业主体监管制度和资金监管，有助于行业规范发展，保护购房者权益。个别企业出现债务违约、烂尾楼、预售资金违规挪用等问题，都与过去房地产“高负债、高杠杆、高周转”模式有很大关系，且旧有模式的弊端尚未完全消除。因此，健全房地产企业主体监管制度和资金监管十分必要，有助于防范和化解房地产行业金融风险。健全监管旨在使行业规范发展，避免重走过去的老路。监管将从房地产企业主体监管制度和资金监管两方面着手。健全监管也有助于保障购房者利益不受侵害，重塑购房者及全社会对房地产行业的信心。

完善金融宏观审慎管理就是要前瞻性提升防范系统性金融风险的能力。面对当前房地产市场的调整，金融宏观审慎管理有助于促进市场企稳回升，防止局部风险蔓延。对房地产领域局部或个别企业债务可能引发的系统性风险，做到早识别、早预警、早暴露、早处置，健全具有硬约束的金融风险早期纠正机制，提高系统性金融风险防范能力。

一视同仁满足不同所有制房地产企业合理融资需求，将为房地产企业特别是民营企业注入信心。一段时间以来，房企特别是民营房地产企业融资遇到一定困难。此次中央金融工作会议提出一视同仁满足不同所有制房地产企业合理融资需求，意味着金融支持房地产企业的力度不减，将继续对供给端提供支持。毋庸讳言，民营房地产企业在融资方面遇到的困难更多，这些企业曾有良好的经营业绩，困难多是暂时的，且尚有不错的发展潜力，应该更好满足这些民营房地产企业的合理融资需求。

因城施策用好政策工具箱，更好支持刚性和改善性住房需求，金融支持政策必不可少。近期出台的包括降低首付、降低首套房贷利率、“认房不用认贷”等金融方面的举措，都主要支持刚性和改善性住房需求，并显现出一定效果。可以预计，在需求端，金融支持政策的重点仍然放在刚需和改善性住房需求上。

加快保障性住房等“三大工程”建设，需要金融大力支持。“三大工程”指“平急两用”公共基础设施建设、城中村改造以及保障性住房三项工程。“三大工程”不仅能够更好解决城镇居民住房问题，改善民生，也对带动投资和促进经济增长有重要作用。要积极发挥金融对“三大工程”的支持作用。如在城中村改造过程中，坚持多渠道筹措改造资金，既可以由城市政府筹措资金，也可以引入社会资金，银行业金融机构给予政策性和商业性贷款支持。在“平急两用”公共基础设施建设中，要充分发挥市场机制作用，鼓励和吸引更多民间资本参与“平急两用”公共基础设施的建设改造和运营维护，这一过程也离不开金融的支持。同时，也应注意防范财政金融等风险。

构建房地产发展新模式，金融支持将发挥重要作用。城市更新、老旧小区改造、城中村改造、保障性住房、“平急两用”基础设施建设等，都是房地产发展新模式的有益探索，预计这些方面有望得到更多金融支持。

（刊发于 2023 年 11 月 8 日产经版）

加大保障房供给意义重大

刚刚结束的中央金融工作会议提出，加快保障性住房等“三大工程”建设。“三大工程”指保障性住房、城中村改造和“平急两用”公共基础设施建设。其中，规划建设保障性住房是完善住房制度和供应体系、重构市场和保障关系的重大改革。《关于规划建设保障性住房的指导意见》已于 2023 年 8 月 25 日经国务院常务会议审议通过。

新一轮保障性住房规划建设意义重大。规划建设保障性住房是党中央站在促进实现共同富裕和中国式现代化战略全局高度作出的重大工作部署，有利于缓解大城市住房矛盾、有力有序有效推进房地产转型和高质量发展、更好拉动投资消费、促进宏观经济持续向好。当前，城市居民住房困难矛盾主要集中在大城市特别是一二线城市。这些城市住房存在结构性供给不足，由于房价高，形成大量“夹心层”，部分居民难以负担商品住房。加大保障性住房建设和供给，让工薪收入群体逐步实现居者有其屋，有助于更好解决“夹心层”群体住房困难、缓解广大工薪收入群体特别是新市民、青年人购房焦虑。预计规划建设保障性住房的工作率先从超大、特大城市试点和重点推进。新一轮保障性住房建设标志着我国将构建政府保障基本需求、市场满足多层次住房需求、租购并举的住房制度。

新一轮保障性住房建设拓展了配售型保障性住房新路子，保障性住房体系在原有以租赁为主的基础上，加快建设配售型保障性住房。配租型保障性住房包括公共租赁住房、保障性租赁住房，配售型保障性住房则是按照保本微利原则配售给普通工薪收入群体及政府引进人才。保障性住房配售价格与目前大城市商品房房价相比明显降低，其目的是让工薪收入群体“买得起房”。能够以较低价格购入配售型保障性住房，这对于面对高房价一直难以解决住房困难的人群而言，无疑是一个好消息。那么，配售型保障性住房是否就是过去的福利分房或者经济适用房？实际上是不同的，最显著的区别是有的福利分房或者经济适用房经过一定年限或者符合一定条件后可以出售，而按照保障性住房的制度设计，配售型保障性住房实施封闭管理，个人不得私下交易或者上市流通。

谁能申请配售型保障性住房？保障性住房重点针对住房有困难且收入不高的工薪收入群体，以及城市需要引进的科技人才、教师、医护人员等人才群体。配售型保障性住房申购的具体条件，还要依据地方政府的规划和要求。根据申请人的家庭收入情况、个税、社保等因素按顺序配售，从最困难的群体做起，逐步拓展范围。

新一轮保障性住房建设将重构我国房地产市场和住房保障关系。配售型保障性住房和普通商品房同样可以购买，配售型保障性住房入市之后，会不会影响商品住房的销售？应该明确的是，配售型保障性住房的建设数量，将由城市政府“以需定建”，科学合理确定供给规模。同时，一些城市的个别区域已经出现供给过剩，可充分利用依法收回的已批未建土地、房地产企业破产处置商品住房和土地、闲置住房等建设筹集配售型保障性住房，避免闲置浪费。总体而言，保障性住房旨在满足基本住房需求，改善性住房需求则可以通过在市场上购买商品住房实现，“保障 + 市场”两者互相补充，共同作为我国住房制度的重要组成部分，解决居民住房问题。

保障房建设有助于构建房地产发展新模式。房地产市场和保障性住房面向的群体有区别，因此，建设配售型保障性住房不会影响房地产市场预期。现阶段的配售型保障性住房主要面向购买市场上商品房有一定难度的“夹心层”。随着“保障 + 市场”的制度设计逐步落地，房地产行业实现转型升级，一些房地产企业可以根据市场变化更加专注建设改善性住房。购买改善性住房和购买保障性住房的群体基本不会重叠。

规划建设保障性住房，根本目的是坚持以人为本，满足住房困难群众基本住房需求。城市党委、政府对于保障性住房规划建设负有主体责任，规划建设保障房有助于更好解决群众的住房问题，尤其是新市民、青年人的住房问题。解决好住房问题，才能让青年人放开手脚为美好生活奋斗。青年人有希望，城市才能有未来。

（刊发于 2023 年 11 月 15 日产经版）

“住得好”离不开完整社区建设

我们对住房的需求正从“有没有”向“好不好”转变。住得好，不仅是有好房子，良好的社区环境也至关重要。建设完整居住社区是补齐社区设施和管理短板、改善人居环境的重要举措。完整居住社区建设还须努力探索，形成更加科学的体制机制，让完整社区既要“完整”，更能“可持续”。

完整居住社区关乎每一个城镇居民的居住幸福指数。统计表明，城市居民75%的时间在社区度过，老人和儿童在社区的时间更长。社区是基层基础，只有基础坚固，国家大厦才能稳固。社区是党和政府联系、服务居民群众的“最后一公里”。幼有所育、学有所教、劳有所得、病有所医、老有所养、住有所居、弱有所扶这些目标的实现，都有赖于社区建设。

我国首次提出完整社区概念的是“国家最高科学技术奖”获得者、两院院士吴良镛先生。吴良镛认为，社区不仅包括住房问题，还包括服务、治安、卫生、教育、对内对外交通、娱乐、文化公园等多方面因素，既包括硬件又包括软件，应是一个“完整社区”的概念。完整居住社区是指在居民适宜步行范围内有完善的基本服务设施、健全的便民商业服务设施、完备的市政配套基础设施、充足的公共活动空间、全覆盖的物业管理和健全的社区管理机制，并且居民归属感、认同感较强的居住社区。

推进完整居住社区建设首先在于补短板。完整居住社区建设什么？应该缺什么补什么。按照《完整居住社区建设标准（试行）》，完整居住社区有基本公共服务设施完善、便民商业服务设施健全、市政配套基础设施完备、公共活动空间充足、物业管理全覆盖、社区管理机制健全6个大目标，每个目标包含相应的建设内容，共计20项。比如一个完整居住社区必须有一个社区综合服务站、一个幼儿园、一个托儿所、一个老年服务站、一个社区卫生服务站，这20个项目还有详细的建设要求。

怎样知道社区有哪些方面需要提升？城市体检须先行，同时进行统筹规划。通过摸清居民的需求，分清轻重缓急，老百姓急、难、愁、盼的问题，群众反映强烈的难点、堵点、痛点问题，应该成为完整居住社区建设当务之急。逐步补齐养老、托育、健身、停车、充电、便利店、早餐店、菜市场、“小修小补”点等设施短板。“一老一小”在社区的时间最长、使用设施最频繁，步行能力有限，是居住社区建设应该优先满足、充分保障的人群。实践中，还有一些城市在完整居住社区中开辟创业中心，年轻人也成为重要获益人群。

完整居住社区建设关乎百姓福祉，各级政府应统筹推进。实践表明，推进得好的城市和社区，基本都有良好的机制作为保障，有的形成完整社区工作专班，有的形成专项规划。在建设完整居住社区的过程中，各部门宜建立协同机制，将完整社区建设与城镇老旧小区改造、养老托育设施建设、充电设施建设、一刻钟便民生活圈建设、社区卫生服务机构建设、家政进社区、“国球进社区”、社区嵌入式服务设施建设等重点工作统筹起来。

完整居住社区不是简单的设施上的完整，更须考虑可持续性问题。一是设施的可持续。一些便民利民设施不能为了建而建，而应让其有持续的活力。完整居住社区建设不能成为面子工程和应付差事工程，如果建好或者改造好，用上一阵就闲置了，是对资源的巨大浪费。一些建筑设施的寿命较低，很大原因是存在功能和性能无法满足要求而被拆除的现象。因此，建筑师和规划师宜更加关注居住社区持续生长过程中的“微改造”，通过对社区中空间、设施、交通、环境等不断进行改造提升，让社区的设施具有持续的生命活力。

二是运营的可持续。社区的设施不但有建设改造成本，也有运营成本，在政府资金有限的情况下，一旦运营不善导致关门歇业，会十分可惜。因此，完整居住社区建设应该积极探索可持续运营机制、多元化投入机制。在实践中，一些城市探索多方筹措资金，共商共建共享，比如社区菜场的业主通过自筹资金同步对菜场外立面、内部设施进行更新。还有一些城市探索社会资本引入的社区建设运营机制，比如“改造 + 运营 + 物业”的模式，在社区运营阶段纳入资本运营，在社区建设时引导社会资本参与其中，通过后期运营收入反哺建设投资，实现既有社区改造提升的可持续发展。

（刊发于 2023 年 11 月 22 日产经版）

房地产市场将从调整期走向稳定期

当前，我国房地产市场仍处于调整周期。2023 年，房地产市场呈现前高中低后稳的趋势。预计将经过一段时间的调整，逐渐向稳定过渡。我们应该对房地产市场平稳健康发展有信心，需求决定市场仍有较大增长空间。长期看，房地产市场调整有益于我国经济增长和可持续发展，但短期内应注重防风险。

房地产业同其他行业一样，不可能总是保持高速发展。我国房地产从 2000 年后住房商品化改革开始，到 2020 年，在将近 20 年的时间里持续保持高增长，有 3 个指标可以证明：2003 年到 2020 年，房地产投资年均增长 19.9%，商品房销售面积年均增长 10.8%，商品房销售金额年均增长 20.3%。有学者认为，中国房地产用了不到 20 年的时间实现高速发展，走过了一些发达国家上百年的历程。房地产持续高速扩张，为那个时期的中国经济保持增长作出了重要贡献。但是，房地产业增长到了一定阶段后，进入调整期实属正常，这种调整有利于淘汰落后产能，也有利于结构优化，尤其是有利于房地产业高质量发展。

房地产业当前遇到的问题与旧发展模式有很大关系。房地产市场仍处于需求、供给双向收缩的状态，企业的流动性风险没有完全消除。新房需求在下降，房地产市场在城市之间呈现分化状态，一些城市出现了供大于求的状况，市场较为低迷。过去房地产业“高杠杆、高周转、高负债”的“三高”模式曾为行业带来了高速增长，但也积聚了风险，已经不再适应当前的市场形势。房地产业应该在积极化解风险的同时，探索新发展模式。

房地产业的调整，长期看有利于整个宏观经济的可持续发展。我国经济传统增长模式过度依赖基础设施和房地产投资，也许短期内能实现更高增速，但会固化结构性矛盾，损害增长的可持续性。高质量和可持续发展更加重要，要培育新的增长点，这是必须经历的转型之路。我国经济需要摆脱对房地产业的过度依赖，房地产业也需要摆脱过去的“三高”模式。房地产产业链条长，对整个宏观经济常常有“牵一发而动全身”的效应，房地产业的调整，朝着更加健康的方向发展，也是我国经济实现高质量发展的重要组成部分。

当前房地产市场正面临重大转型。市场调整的过程，也是积极寻求新的发展机遇，实现转型发展的过程。房地产业应积极适应市场供求关系发生重大变化的新形势，这是立足我国经济社会发展阶段和房地产自身发展规律作出的判断。虽然住房“有没有”的问题基本解决，但结构性不足问题仍然存在。从需求看，人民群众对住房品质有了更高要求，希望住上更好的房子、获得更好的服务。转型的方向、新的发展机遇，正蕴藏在新形势中。城市更新、老旧小区改造、住房租赁、物业服务以及保障性住房、城中村改造、“平急两用”公共基础设施建设等“三大工程”都可以成为房地产业积极探索的方向。

房地产业的信心来自市场依然有较大的需求空间，房地产业正在寻求新的平衡。我国人均 GDP 刚刚超过 1.2 万美元，而且城镇化率按常住人口统计是 65.2%，按照户籍人口统计仅为 47.7%。所以，城镇化无论从数量还是从质量来看，都有较大提升空间，这意味着我国的城市化趋势将会继续，城市人口将会继续增加，对于基本的房屋需求依然强劲。此外，我国人均住房面积已达41平方米左右，但结构上中小户型偏多，随着人们生活水平提高，住房改善性需求潜力也非常大。

房地产业防风险仍要毫不松懈。出台各项房地产调控政策，积极促进房地产业平稳健康发展，就是防风险的重要举措，包括降低首付比例，降低房贷利率，商业银行和借贷者去商谈更优惠的利率，金融支持“保交楼”等。同时，金融机构支持房地产企业进行债务重组、支持房地产市场并购，这些调控措施已经取得了一定积极成效。未来，我国将进一步弱化房地产市场风险水平，防范房地产市场风险外溢。引导房地产企业负债率、杠杆率有序下降，优化企业资产负债结构。一视同仁满足不同所有制房地产企业合理融资需求，维护房地产市场稳健运行。

（刊发于2023年12月6日产经版）

加快推进保障性租赁住房建设

近年来，上海市加快保障性租赁住房建设，为许多来沪新市民、青年人和一线务工人员提供了住房保障。保障性租赁住房是两年多来，我国人口净流入大城市重点发展的一类配租型保障性住房，为解决新市民、青年人的居住问题发挥了重要作用。

2021年，国务院办公厅印发《关于加快发展保障性租赁住房的意见》，拉开了人口净流入大城市和省级人民政府确定的城市加快发展保障性租赁住房的序幕。保障性租赁住房主要解决符合条件的新市民、青年人等群体的住房困难，以建筑面积不超过70平方米的小户型为主，租金低于同地段同品质租赁住房租金，准入和退出的具体条件、小户型的具体面积由所在城市人民政府按照保基本的原则合理确定。

全国保障性租赁住房建设取得阶段性进展。保障性租赁住房坚持由政府给予政策支持，充分发挥市场机制作用，主要利用存量土地建设，基本形成了多主体投资、多渠道供给的良好格局。两年多来，全国已建设筹集保障性租赁住房约508万套（间），可解决近1500万新市民、青年人的住房困难，完成投资超过4800亿元。各地仍将加强规划，扎实推进，让更多来自五湖四海的建设者安居乐业。

保障性租赁住房是我国构建多层次住房保障体系的重要一环。近日，《关于规划建设保障性住房的指导意见》发布，表明我国将拓展配售型保障性住房的新路子。新的住房保障体系分为配租型保障性住房和配售型保障性住房。其中配租型包括公共租赁住房和保障性租赁住房，配售型是按照保本微利原则配售给普通工薪收入群体的保障性住房。

有人提出疑问，大力发展保障性住房，是不是保障性租赁住房的重要性将被弱化？实际上，保障性租赁住房和配售型保障性住房对象不同，一个是配租，另一个是配售，均是住房保障体系中的重要组成部分。配售型保障性住房重点针对住房有困难且收入不高的工薪收入群体，以及城市需要的引进人才等群体。配租型保障性住房面向符合条件的新市民、青年人，主要解决阶段性住房困难。在发展这两类住房时，应该强调规划的重要性，统筹考虑当前供需缺口与未来人口产业发展情况，科学确定中长期建设规模，避免资源浪费。

一些地区在发展保障性租赁住房的过程中积累了许多好经验。以上海为例，“十四五”期间，上海计划建设筹措60万套（间）保障性租赁住房、供应40万套（间）保障性租赁住房，主要布局在产业园区周边、商务商业集聚区、轨道交通站点附近、新城等区域。最新统计数据显示，上海已累计推出保障性租赁住房用地222宗、规划建筑面积1900万平方米；通过多种方式累计建设筹措各类保障性租赁住房45.3万套（间），供应26.7万套（间），分别完成“十四五”期末规模总量的75%和67%。针对不同需求，上海一些地方又对保障性租赁住房的供给进一步细化：“一张床”面向城市一线劳动者；“一间房”面向城市中的新市民、青年人；“一套房”面向企事业单位管理人员、科创人才和家庭型客户。

把城中村改造和保障性租赁住房的发展相结合，也是有益的探索实践。广东省出台有关文件提出，支持广州、深圳结合城中村改造规模化建设保障性租赁住房。当前，我国正积极推进保障性住房、城中村改造、超大特大城市“平急两用”公共基础设施建设“三大工程”建设。以广州、深圳为代表的一些人口净流入大城市，一方面城中村亟待改造；另一方面需要更好解决新市民、青年人的居住问题，将两者结合在一起有助于改善民生、带动投资、拉动消费，是一举多得的好政策。

人口净流入大城市和省级人民政府确定的城市中，很多都明确了保障性租赁住房的筹集目标。这些城市正结合实际，因地制宜科学确定推进步骤，把发展保障性租赁住房的好事办好。为符合条件的新市民、青年人特别是从事基本公共服务的机关事业单位和企业人员提供保障性租赁住房，鼓励地方在满足安全要求的前提下，依法依规将空置的商业办公楼改建为宿舍型保障性租赁住房。外来务工人员来城市作贡献，同样是城市的主人，应该保障好他们的住房需求，确保外来人口进得来、留得下、住得安、能成业。

（刊发于 2023 年 12 月 13 日产经版）

共同维护房地产市场平稳健康发展

我国房地产市场仍处于调整周期。从国家统计局近期公布的多组数据看，房地产市场仍面临下行压力。促进房地产市场企稳回升，恢复各方对房地产市场的信心至关重要。从总体上看，我们有理由对房地产市场平稳健康发展充满信心。

尽管当前房地产市场仍处于调整周期，但有边际改善迹象。1月份至11月份，全国房地产开发投资同比下降9.4%，商品房销售面积下降8%，商品房销售额下降5.2%，房屋新开工面积下降21.2%，从这些数据来看，房地产市场仍然处于调整之中。但从主要指标变化趋势来看，一些指标正在改善。如11月份，70个大中城市商品住宅交易规模有所上升，这有赖于房地产领域调整优化的政策持续发力显效。

总体需求仍平稳，有助于支撑房地产市场有序发展。1月份至11月份，虽然新房成交量下降，但二手房成交量在上升，新房、二手房合计成交量同比正增长。这说明住房需求保持稳定，没有出现明显收缩，而是交易结构发生了变化，二手房交易占比增多。

政策持续调整优化，有利于市场活跃度提升。房地产市场进入调整周期后，有关部门积极出台相关举措，各地因城施策调整优化房地产调控措施，政策效果不断显现。近几日，北京、上海两个一线城市调整优化房地产相关政策引发关注。降首付、降房贷利率有助于切实降低购房者首付支出和房贷月供支出，有助于调动购房者住房消费积极性。调整普通住宅标准有利于让更多购房者减轻购房税费压力。从市场看，北京、上海看房人数和实际成交量均有提升。本轮两个城市的政策调整，能够切实降低购房者的购房门槛和减轻资金压力，有助于刚性和改善性住房需求释放，预计市场活跃度仍将进一步提升，对于稳定市场预期有积极作用。

保交楼工作对于恢复购房者特别是新建住宅购房者的信心至关重要。一段时间以来，个别企业出现债务危机，一些已售房地产项目逾期难交付。这种现象让居民对购买新建商品住宅充满担忧。害怕买了新房交了钱，遇上“烂尾”交不了房怎么办？去年以来，有关部门和地方出台了一系列保交楼政策，金融部门给予专项借款、贷款等支持。截至目前，保交楼工作进展顺利，350 万套保交楼项目已实现交付超过 268 万套，交付率超过 76%。随着保交楼工作继续推进，还会有更多已售逾期难交付项目顺利交到购房者手中。预售资金监管等各项政策也在积极确保新建住宅项目专款专用，按时完工交付。“保交楼”取得积极成果，将对打消购买新建商品住宅顾虑产生积极作用。

当前，各方正在稳妥化解房企债务违约风险，金融部门已经出台一系列支持政策，但风险出清还需要一个过程。金融机构正抓好各项政策落实，满足不同所有制房企的合理融资需求。根据中国人民银行最新数据，仅 11 月份以来，工、农、中、建、交五大银行向非国有房企投放开发贷款 300 多亿元。应高度重视房企债务违约，坚决防止债务违约风险集中爆发，同时，也应该理性看待。企业出现债务违约的情况，并不代表企业一定会一蹶不振。有的企业，尽管集团公司出现债务违约，但可能具体项目还在正常运转，开发运营仍在继续。把某一次债务违约简单解读为企业“爆雷”，会导致社会对企业产生信任危机，影响并冲击市场销售，加剧企业困难。各方宜理性看待房地产市场出现的问题，共同维护房地产市场平稳健康发展。

从长远看，房地产市场对宏观经济仍将产生积极带动作用。我国城镇化无论从数量还是质量来看，都有较大提升空间。我国人均住房面积达 41 平方米左右，但结构上看中小户型偏多，改善性需求潜力大。我国的房地产实现高质量发展、可持续发展仍然有坚实支撑。应当看到，我国房地产对宏观经济的贡献，从过去以增量拉动为主，转向以存量带动为主。二手房交易占比提高，能够带动家居、家电、家装等下游产业发展，同时，中介、租赁、物业等行业将有更广阔空间。

（刊发于 2023 年 12 月 20 日产经版）

住房交易逐步进入存量时代

2023年以来，尽管新房成交量同比下降，但二手房成交量上涨，新房与二手房合起来的总成交量同比实现正增长。这表明，我国房地产市场成交格局发生了一定变化。

商品房交易总量实现正增长减轻了各方对房地产市场发展形势的担忧。当前我国房地产市场总体处于调整周期，比较直接的体现是新建商品房销售量回升较为缓慢。1月至11月，新建商品住宅销售量同比下降8%。在新房销售量下降的情况下，二手房销售量增长带动总量实现正增长，表明我国房地产市场总需求量仍保持稳定，并未出现需求明显萎缩的情况，而是交易结构发生了变化。由此，分析我国房地产市场的走势，不能只看新房交易量，而是应综合新房和二手房情况做出准确判断。

2023年以来，我国二手房交易量占住房总交易量比例创历史新高。1月至11月，全国二手房交易量占新房和二手房总交易量的比重达37.1%，较上年同期提高约10个百分点，创历史新高。全国已经有7个省和直辖市二手住宅交易量超过新建商品住宅交易量。二手房交易量在住房交易量中占比越来越大，住房交易逐步进入存量时代或将是大势所趋。放眼国外，美国当前的新房交易量仅占住房交易总量的10%左右。

二手房交易量上涨有多重原因。一些房地产企业债务违约，市场上出现了已售逾期难交付的房地产开发项目。很多消费者担心购买新房遇到难以交付的项目，而二手住宅不存在这个问题，即买即住。同时，今年以来，“认房不用认贷”“降低首付比例和房贷利率”“降低交易税费”“降低二手房中介服务费”“带押过户”等政策促进了住房消费需求释放，更有助于提高二手住宅流动性。此外，一些二手房本身就具有地理位置优越、配套完善、服务优质等特点，和位置相对较为偏远的新建商品住宅相比，具有一定优势，当本轮价格调整到购买者心理价位时便出手购买。

二手房交易量增长将进一步发挥对房地产市场的带动作用。老旧小区改造、完整居住社区建设、城市更新等工作的推进，大大提高了存量住房品质。随着我国进入城市更新的重要时期，住房发展进入存量阶段，存量经营将在房地产业发展过程中分量更重。房地产业拉动投资增长的方式也将从过去以大规模购地开发为主，转向购地开发与存量房更新改造并重。二手房交易量占比提高，有利于带动家具、家电、家装等下游产业发展。同时，在存量住房更新和改造过程中，将更加注重提升居住服务品质，因此有机会带动中介、租赁、物业等细分领域发展，房地产业中服务内容的比重将有所增长。

针对二手房交易占比增长这一趋势，结合当前房地产市场形势，宜进一步深挖二手房交易潜力，出台有力措施更好释放二手房需求。包括进一步调整优化相关金融支持政策，实行一定税费、中介费优惠措施，积极推进完整居住社区建设、城市更新，优化居住服务供给。同时，完善相关制度，包括探索建立房屋体检、房屋养老金、房屋保险等，形成房屋安全长效机制，让房屋全生命周期安全管理有依据、有保障，让老百姓住得安心。

二手房交易量占比提升，不代表新建商品住宅就无人问津了。随着“保交楼”工作扎实推进，房企纾困及稳妥化解房地产领域风险工作开展，以及加大力度推进现房销售，新房市场的预期也将随之修复和稳定，新房销售有望逐步好转。值得关注的是，房地产市场供给侧结构性改革也在进行中，未来新建商品住宅供给将根据人口变化确定住房需求，根据需求确定供给数量，配置金融资源，实现以人定房，以房定地，以房定钱，避免房地产市场大起大落。

（刊发于 2023 年 12 月 27 日产经版）

后　记

2021 年 4 月初的一篇总编辑评报中，庆东社长要求开设房地产专栏，并由长期报道此领域的我执笔。至今很难忘记，读到这篇总编辑评报时我是何其惶恐。在领导和同事们的鼓励下，“房地产周评”于 2021 年 4 月 14 日开栏，截至 2023 年底已推出 130 篇稿件。有几点感想和大家分享：

其一，开设专栏对于作者而言，是一种倒逼机制，督促我们进步成长。负责“房地产周评”专栏写作的这两年半多的时间，是我进入报社从事采编工作的 16 年来，对所报道领域专注力最高、新闻采编业务水平提升最快、收获最大的阶段之一。

其二，报社的各项体制机制有力推动了稿件质量提升。开设个人署名专栏，是报社实行“减量化改革、高质量发展”的重大举措。庆东社长在总编辑评报中常常对优秀评论作品给予肯定，并告诉我们好在哪，让我们知道稿件该从哪些方面改进提升，对评论稿件质量提升起到了关键的举旗定向作用。报社形成了人人写评论稿件的氛围，这种氛围让我们不敢懈怠。

其三，专栏是集体智慧的结晶。庆东社长经常将房地产相关材料批示给我阅读学习。编委会领导帮我点题，点评见报稿件，探讨市场形势，拓宽了我的思路。产经部徐涵主任作为“房地产周评”

专栏第一审稿人，细致把关，并做出很多精彩标题。产经部和其他部门的同事看到好的素材，常常转发给我参考。“房地产周评”专栏凝聚了领导同事们的期待，也正是在大家的帮助支持下，栏目才得以顺利运行。

其四，专栏有了一定关注度，更需要珍惜呵护好“经济日报”这块金字招牌。“房地产周评”专栏得到一些热心读者、有关部门负责同志、行业专家、房地产领域从业人员的肯定和鼓励，其中最重要的原因，是读者看重“经济日报”这四个大字，认为我们的解读代表主流、权威、公信力。我们不能辜负读者的信任，当始终坚持正确舆论导向，尽力写出更优秀的稿件。

“房地产周评”专栏还有很多不足，如稿件不够精雕细琢，选题思路上还不够开阔。庆东社长曾经要求稿件应有国际视野，有对不同城市的比较研究。这理应是我今后的努力方向。

亢　舒

2024 年 1 月